# HISTOIRE GÉNÉALOGIQUE

DE

# L'ILLUSTRE MAISON

# DE BARBE DE LA BARTHE



(ISSUE DES ANCIENS DUCS D'AQUITAINE)

ÉDITÉ

A l'Institut Héraldique et Biographique de France

26, Rue du Mont-Thabor, 26

PARIS

*Sous la Direction du Marquis de La RAMÉE, Directeur*

1898

# HISTOIRE GÉNÉALOGIQUE

DE

# L'ILLUSTRE MAISON

# DE BARBE DE LA BARTHE

(ISSUE DES ANCIENS DUCS D'AQUITAINE)



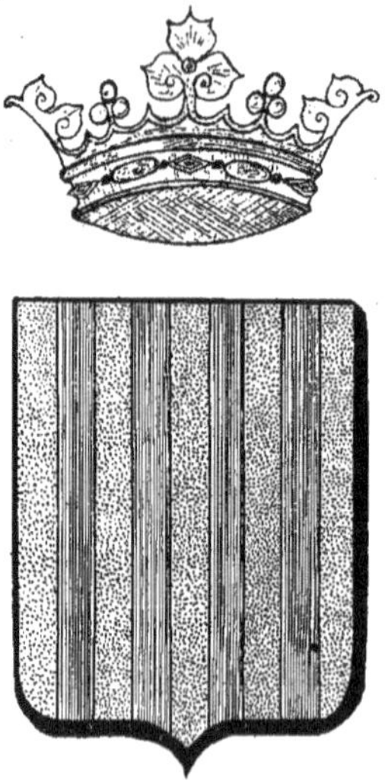



ÉDITÉ
A l'Institut Héraldique et Biographique de France
26, Rue du Mont-Thabor, 26
PARIS
*Sous la Direction du Marquis de La RAMÉE, Directeur*
1898

# PRÉFACE

*L'histoire généalogique que nous avons entrepris d'écrire est certainement loin d'être l'histoire détaillée de cette illustre Maison.*

*Pour faire un semblable travail, de nombreux volumes eussent été nécessaires, puisqu'elle embrasserait alors tout entière, l'histoire de cette belle contrée qui avait nom Aquitaine.*

*Comme, à notre grand regret, nous sommes en contradiction avec certains auteurs, héraldiques, et non des moindres, parmi ceux qui ont traité de cette famille : nous avons cru devoir diviser notre ouvrage en deux parties :*

*La première qui est purement généalogique porte en marge la référence des preuves (Pr N°...).*

*Et la seconde renfermant les preuves* in-extenso. *Ces preuves étant toutes des reproductions de documents originaux, qui sont entre les mains de la famille, constituent un monument historique clair et irréfutable, fait dans le but d'apprendre aux descendants de cette noble Maison combien leurs ancêtres furent illustres.*

*Et lorsque plus tard, ces enfants liront et pourront comprendre ces pages écrites pour eux, que de modèles de vaillance, de bravoure et d'honneur ils y trouveront!*

# MAISON NOBLE

DE

# DE BARBE DE LA BARTHE

## HISTORIQUE

Avant d'entreprendre l'historique de cette famille, qui est sans contredit l'une des plus anciennes parmi les maisons nobles dont les descendants existent encore, il est nécessaire de donner un aperçu géographique des Etats ayant appartenu à la famille : DE BARBE DE LA BARTHE SAINT-LOUBERT issue de la Maison Ducale d'AQUITAINE.

Cette dernière est originaire de la Gascogne l'une des plus riches provinces de la France.

Arrosé par de nombreuses rivières et bordé par la mer à l'ouest, pays à la fois pittoresque et fertile, favorisé au sud par un climat des plus doux, il a dû, à plusieurs reprises, soutenir les luttes les plus terribles contre des ennemis tentés par ses richesses.

Les Etats du DUC D'AQUITAINE s'étendirent, à un moment, depuis la Loire jusqu'à la Garonne, et les chefs de la famille étaient si puissants, qu'ils prenaient les titres qu'il leur plaisait de prendre. C'est ainsi qu'ils se qualifièrent de *Rois de Toulouze*, *comtes d'Aure*, *comtes et vicomtes de la Barthe*, *de Lassegan*, *des Quatre-Vallées*, *de Barbe-Rousse*. Et même à partir de la deuxième moitié du dix-huitième siècle. la famille qui avait adopté définitivement le nom de LA BARTHE fit précéder ce nom de terre du nom de : DE BARBE qui devint le nom patronymique.

Les premières traces historiques que l'on trouve de la maison d'Aquitaine remontent à l'an 600 et nous trouvons en l'an 688 EUDES, DUC D'AQUITAINE dit le GRAND qui résista vaillamment au choc terrible des Sarrazins, guerriers redoutables venus d'Afrique après avoir conquis l'Espagne ; enflammés par le zèle fanatique qu'avait su leur inspirer leur prophète Mahomet. Car ce farouche fondateur de religion avait ordonné à ses disciples de conquérir le monde à l'Islamisme, non d'après les préceptes du Christ qui voulait que ses apôtres prêchent l'évangile par la douceur et la charité, mais à la pointe de l'épée.

Près de cent ans plus tard, en 770, nous trouvons HUNOLD qui résista à Charlemagne et fut même tué dans une bataille qu'il soutint contre ce puissant empereur.

Lorsque, quelques années plus tard l'Aquitaine fut réunie à la couronne de France, les DUCS D'AQUITAINE prirent le titre de COMTES DE LA BARTHE et même de PRINCES D'ASTARAC.

Passant rapidement sur la triste époque de la Guerre de Cent Ans, car les faits d'armes glorieux accomplis par les membres de la famille DE LA BARTHE rempliraient des volumes, nous arrivons à CARBON DE LA BARTHE, seigneur de LASSEGAN qui fut maréchal de camp et, comme tel, fut chargé de plusieurs missions des plus importantes sous les rois Charles IX et Henri III de France.

Puis PAUL DE LA BARTHE, Seigneur de Thermes qui fut gouverneur de Paris et reçut le surnom de MARÉCHAL DE THERMES. Il fit ses premières armes pendant la guerre d'Italie où il se signala au siège de Naples en 1528. Pris par les corsaires au retour de ce siège, racheté peu après, il se remit en route pour le Piémont à la conquête duquel il contribua fortement. Les faits d'armes du MARÉCHAL DE THERMES sont trop nombreux pour être tous énumérés ici, et se trouvent du reste racontés au cours de la généalogie. Cependant, qu'il nous soit permis de rappeler que M. DE THOU, dans son histoire, dit que le MARÉCHAL DE THERMES était un homme de bien et un sage capitaine aussi illustre dans la paix que dans la guerre, plus préoccupé de défendre l'honneur de son Roy et sa patrie que d'amasser des richesses.

Cette famille n'a pas seulement donné de vaillants guerriers, elle compte aussi des PRINCES DE L'ÉGLISE, entre autres GÉRAUD DE LA BARTHE, deuxième fils d'ARNAULD ESPARRE DE LA BARTHE qui fut archevêque d'Auch en l'an 1170. Il s'illustra surtout par un voyage en Terre-Sainte et mourut en l'an 1190.

Il y eut aussi, à différentes époques, des membres de cette noble famille qui entrèrent dans les ordres et s'y firent remarquer par la sainteté de leur vie et leur dévouement à l'Église qu'ils enrichirent de leurs dons.

Des filles de cette noble Maison se vouèrent aussi à Dieu ; l'une d'elles fut même abbesse de Fontgrave, si célèbre dans l'histoire de la piété et de la charité. A côté de cette noble figure de femme, viennent se ranger des CHANOINESSES et de simples religieuses et presque toutes eussent été dignes du nom de saintes.

LA MAISON noble de LA BARTHE dont la filiation directe s'établit pour la BRANCHE AINÉE jusqu'à : ANTONY DE BARBE DE LA BARTHE SAINT-LOUBERT actuellement vivant et dont postérité.

Elle a formé treize branches et un rameau qui sont :

I. BRANCHE DES SEIGNEURS DE LA BARTHE FUMEL (*issue de là branche aînée*) et qui eut pour auteur : ARNAULD GUILHEM, deuxième fils d'AUGER Ier du nom.

II. BRANCHE DES SEIGNEURS D'ARNÉ ET DE MONTCORNEIL (*issue de la branche aînée*) et qui eut pour auteur : ARNAULD GUILHEM, deuxième fils de JEAN DE LA BARTHE IIIe du nom.

III. Branche des seigneurs DE GISCARO (*Issue de la branche aînée*) et qui eut pour auteur : BERTRAND DE LA BARTHE deuxième fils de BERNARD DE LA BARTHE seigneur de Giscaro.

IV. Branche des seigneurs DE THERMES (*Issue de la branche ainée*) et qui eut pour auteur JEAN DE LA BARTHE troisième fils de BERNARD DE LA BARTHE seigneur de Giscaro.

V. Branche des seigneurs DE MONDEAU et DE LA MAZERE (*Issue de la branche aînée*) et qui eut pour auteur : ODET DE LA BARTHE co-seigneur de Lassegan, deuxième fils de : PHILIPPE DE LA BARTHE IIe du nom et de demoiselle Marthe de Murviel sa femme.

VI. Branche des seigneurs DE BRASSAC (*Issue de la branche aînée*) et qui eut pour auteur : JEAN FRANÇOIS DE LA BARTHE seigneur de Campaigne et co-seigneur de La Maguère quatrième fils de : PHILIPPE DE LA BARTHE et de demoiselle Guilheaume de Carbonneau.

VII. Branche des seigneurs DU COULOMÉ (*Issue de la branche aînée*) et qui eut pour auteur : FRANÇOIS DE LA BARTHE sieur de Horgues, deuxième fils de : GABRIEL DE LA BARTHE seigneur de la Maguère et de Montpezat et de demoiselle Françoise d'Esparbès de Lussan.

VIII. Branche des seigneurs DU PLANTIER (*Issue de la branche aînée)* et qui eut pour auteur : JACOB DE LA BARTHE dit BARBE sieur du Plantier troisième fils de PHILIPPE DE LA BARTHE et de Catherine de Genest sa femme.

IX. Branche des seigneurs DE MONTLAU (*Issue de la branche aînée*) et qui eut pour auteur : PIERRE JEAN BAPTISTE DE BARBE DE LA BARTHE sieur de Montlau, deuxième fils de SYLVAIN DE BARBE DE LA BARTHE et Demoiselle Marguerite Queyssat ou Queyssac sa femme.

X. Branche des seigneurs DE L'ARTIGOLLES *Issue de celle des* seigneurs D'ARNÉ et de MONTCORNEIL et qui eut pour auteur : PIERRE DE LA BARTHE troisième fils d'Arnauld Guilhem IIIe du nom.

XI. Branche des seigneurs DE MONTIGNAC *Issue de celle des* seigneurs DE GISCARO et qui eut pour auteur GABRIEL DE LA BARTHE Ier du nom, sixième fils de PAUL DE LA BARTHE seigneur de Giscaro et de Marie d'Armantieu de La Palu sa femme.

XII. Branche des seigneurs DE VALENTINE Issue *de celle* des seigneurs DE GISCARO et qui eut pour auteur : JACQUES DE LA BARTHE, septième fils de PAUL DE LA BARTHEs seigneur de Giscaro et de Marie d'Armantieu de la Palu sa femme.

XIII. Branche des seigneurs DE CAZEAUX DE GIMONT *Issue de celle* des seigneurs de VALENTINE et qui eut pour auteur : JEAN DE LA BARTHE, Chevalier, troisième fils d'ANTOINE DE LA BARTHE Ier du nom seigneur de Valentine et de Marguerite d'Utou sa femme.

Quant au Rameau, qui n'est qu'une *ramification de la branche aînée*, il eut pour auteur ETIENNE PHILIPPE DE BARBE DE LA BARTHE SAINT LOUBERT deuxième fils de Michel de Barbe de la Barthe St Loubert et de Demoiselle Henriette de Garrigue de Sarrazi sa femme.

# FILIATION

La filiation suivie commence à :

Pr. 1 à 10 I. SEVENUS DUC D'AQUITAINE qui vivait en l'an 600 et eut pour fils :

1° Amant qui suit :
2°, 3°, 4° et 5° quatre autres fils dont on ignore le nom et la destinée.

Pr. 1 à 10 II. AMAND DUC DE LA NOVEMPULIE et capitaine de Gascogne, qui eut pour parrain Saint Amand, evêque de Tongres qui fut célébre dans l'histoire de l'Eglise.

Amand duc de Novempulie, était vivant en l'an 620 et en l'an 627 et il n'eut qu'une fille :

Pr. 1 à 10 III. GISÉLE mariée à CHARIBERT ROY DE TOLOSŒ (Toulouse) dont elle eut :

1° Boggis qui suit :
2° Bertrand dont on ignore la destinée.

Pr. 1 à 10 IV. BOGGIS DUC D'AQUITAINE vivant en l'an 631 et en l'an 685 et qui laissa de Aude son épouse :

Pr. 1 à 10 V. EUDES DUC D'AQUITAINE qui succéda à son père en l'an 688. Il fut surnommé le GRAND ayant soutenu plusieurs fois le choc des Sarrazins, il fit appel à Charles Martel et grace à son secours les chassa définitivement de ses Etats.

Eudes mourut en l'an 735 laissant de Valtrade de Gascogne sa femme qui était l'unique enfant et héritière de Valachie duc de Gascogne et d'Aquitaine.

1° Hunold dit Garcimio qui suit :
2° Hatton dit Aznaïr qui se retira en Espagne après la mort de son père.

Pr. 1 à 10 VI. HUNOLD dit GARCIMIO DUC D'AQUITAINE opposa à diverses reprises une résistance desespérée à l'empereur Charlemagne et fut tué dans une bataille qu'il soutenait contre ce puissant monarque l'an 770.

Hunold dit Garcimio laissa :

Pr. 1 à 10 VII. HATTON ou AZNAIR IIe du nom qui vivait en l'an 785 et laissa :

1° Semenon qui suit :
2° Galnide qui n'eut qu'une fille.

Pr. 1 à 10 VIII SEMENON COMTE D'AURE qui fut père de :

1° Fortunius qui suit :
2° Aznaïr
3° Arnauld.

Pr. 1 à 10 IX. FORTUNIUS COMTE D'AURE qui eut :

1° Arnauld qui suit :
2° Aznaïr.

Pr. 1 à 10 X. ARNAULD Ier du nom qui vivait en l'an 900 et fut comte d'Aure Seigneur des Quatre Vallées, d'Aragon, de Laboust, de Campan et d'autres lieux. Il eut pour fils :

Pr. 1 à 10 XI. GARCIA COMTE D'AURE Seigneur d'Aure, de Nestes, de Magnoac et de Barbe-Rousse. Il avait épousé la noble Demoiselle Falchilène fille de haut et puissant seigneur Renaud Garcia comte d'Astarac. Laditte Demoiselle avait apporté en dot le comte de Magnoac.

Garcia comte d'Aure mourut laissant :

1° Arnauld IIe du nom qui suit :
2° Guillaume Auriol mort sans posterité.

Pr. 1 à 10 XII. ARNAULD IIe du nom COMTE D'AURE Seigneur d'Aure, de Nestes et de Barbe-Rousse vivait ainsi que son frère en l'an 952 et en l'an 975. On trouve dans le cartulaire d'Auch qu'ils prenaient quelquefois le titre de PRINCES et COMTES D'ASTARAC. Il est de sa femme dont on ignore le nom :

1° Garcia Arnauld, tige des comtes d'Aure d'Aster; qui sont aujourd'hui ducs de Guiche et de Grammont.
2° Auriol Meuse qui suit :
3° Fortan Sanche religieux.

Pr. 1 à 10 XIII. AURIOL MEUSE Ier VICOMTE DE LA BARTHE Seigneur des Quatres vallées, de Nestes, de Barbe-Rousse et de Magnoac vivait suivant les cartulaires d'Auch et de Semor en l'an 1020, et mourut laissant :

1° Sanche qui suit :
2° Aimeric
3° Garcia, qui fut archevêque d'Auch.

Pr. 1 à 10 XIV. SANCHE Ier du nom VICOMTE DE LA BARTHE, Seigneur des Quatre vallées, de Nestes, de Barbe-Rousse, de Magnoac et autres lieux qui rendit hommage à Centulle Ier comte de Toulouse et de Bigorre pour terres et fiefs nobles de la mouvance de son comté.

Sanche Ier du nom, laissa de sa femme dont on ignore le nom :

Pr. 1 à 10 XV. AUGER Ier du nom, VICOMTE DE LA BARTHE comte d'Aure de Nestes, de Magnoac, de Barbe-Rousse et d'Arné qui laissa de Demoiselle N.... sa femme :

1° Arnauld Esparre qui suit :
2° Arnauld Guilhem auteur de la branche de Labarthe Fumel (*rapportée ci-après*).
3° Bernard Ier abbe de l'Echelle Dieu
4° Odon Guilhem moine de Simorre

Pr. 1 à 10 XVI. ARNAULD ESPARRE VICOMTE LE LA BARTHE Seigneur des Quatres Vallées, de Nestes de BarbeRousse, d'Arné et autres lieux, qui épousa la noble Demoiselle Condarine dont il eut :

1° Sanche IIe du nom qui suit :
2° Geraud qui fut evêque de Toulouse puis archevêque d'Auch en 1170. Il fit le voyage de Terre Sainte et mourut en 1190. Le cartulaire d'Auch et le nécrologe de St-Orren font mention de ce prélat et de son père.

Pr. 1 à 10 XVII. SANCHE IIe du nom. VICOMTE DE LA BARTHE, Seigneur des Quatre Vallées, de Nestes, de Barbe-Rousse et autres lieux qui fut présent en l'an 1227 avec Grimoald évêque de Comminges et Bernard comte de Comminges à la donation que Centulle comte d'Astarac fit à l'archevêque d'Auch des dîmes qu'il possédait dans son comté. L'original de cette donation est aux archives d'Auch.

Sanche IIe du nom, laissa pour fils :

Pr. 1 à 10 XVIII. GÉRAUD DE LA BARTHE, vicomte de La BARTHE, seigneur d'Aure, de Nestes, de Magnoac et de Barbe-Rousse qui fit en l'an 1242, une donation au monastère du Bouleau, ce qui est prouvé par un cartulaire de cette abbaye.

Géraud de La Barthe mourut laissant :

1° Bernard de La Barthe qui voyant que la branche ainée de sa famille était sur le point de s'éteindre par ses deux filles Véronique et Brunissende, et comme l'hérédité des Quatre Vallées lui appartenait. Il s'en qualifia Comte. Mais dans la suite, il transigea et se fit abbé à la majorité de son frère cadet. *(Voir le cartulaire de Sarrancolin)*.

2° Raimond Ier du nom qui suit :

Pr. 1 à 10 XIX. RAYMOND DE LA BARTHE Ier du nom, Comte et Seigneur d'Arné et de Montcorneil, seigneur des Quatre Vallées, de Nestes et autres lieux, épousa l'an 1270, la fille aînée du Seigneur de Montcorneil.

Raymond de La Barthe mourut laissant :

Pr. 1 à 10 XX. ARNAULD GUILHEM DE LA BARTHE Ier du nom Comte et Seigneur d'Arné et de Montcorneil et autres lieux, épousa en l'an 1291 la noble Demoiselle Gaussende de La Barthe-Fumel sa cousine au IVe degré fille de Messire Bertrand de La Barthe et de Brunissende de La Barthe sa femme. Cette Gaussende de La Barthe-Fumel fit rentrer dans la maison de La Barthe, les terres que sa mère avait portées dans celle de Fumel. Ce fut à cause de cette alliance, que lui et ses descendants ont écartelé leurs armes de celles de Fumel.

Arnauld Guilhem de La Barthe mourut laissant :

Pr. 1 à 10 XXI. JEAN DE LA BARTHE Ier du nom, Comte et Seigneur d'Arné de Montcorneil, Seigneur de Boury près de St-Lary et d'Ithan en Aure, qui épousa la noble Demoiselle Edeïde de Lasseran fille de feu Messire N..... de Lasséran et sœur et unique héritière de Hugues de Lasseran, co-seigneur de Xaintrailles et Guisery.

Jean de La Barthe ratifia au nom de sa femme, le bail qui avait été fait du bois de Las Néades dans la paroisse de Guisery en faveur des habitans du lieu.

Jean de La Barthe laissa de noble Demoiselle Edeïde de Lasseran sa femme :

Pr. 1 à 10 XXII. RAYMOND DE LA BARTHE IIe du nom, Comte d'Arné, Seigneur d'Arné, de Boury près de St-Lary, d'Itan en Aure, de Montcorneil et autres lieux, rendit l'an 1379 hommage pour la terre de Montcorneil, au Comte d'Astarac.

Raymond de La Barthe épousa la noble Demoiselle N... dont il eut :

Pr. 1 à 10 XXIII. ARNAULD GUILHEM DE LA BARTHE IIe du nom, Comte d Arné, de Montcorneil et de Guisery céda à Jean de La Barthe, der- vicomte de La Barthe son cousin au VIe degré, tous les droits qu'il avait sur la terre de Magnoac en échange des terres de Bouris près St-Lary et d'Ithan en Aure, terres dont ce dernier lui fit donation, qu'il ratifia par son testament du 5e jour de septembre de l'an 1398, où Bernard VIIe du nom, Comte d'Armagnac est institué son héritier universel. Et ce fut en faveur d'Arnauld Guilhem que Jean de La Barthe disposa de la Vicomté de La Barthe qui fut réunie à la couronne en 1481.

Arnauld Guilhem IIe du nom laissa de Demoiselle N... sa femme :

1° Jean de La Barthe qui suit :
2° Bertrand de La Barthe qui fut prieur de St-Mont, élu abbé de Simorre diocèse d'Auch l'an 1434. *(Gallia christiana, nouvelle édition tome 1er col. 1016).*

Pr. 1 à 10 XXIV. JEAN DE LA BARTHE IIe du nom, Comte d'Arné et de Montcorneil, Seigneur de Guisery, de Bouris près de St-Lary et d'Ithan en Aure afferma le 6e jour d'octobre de l'an 1453, le port de Montané dans l'Aure, à noble Santoret de Béon Seigneur d'Angeau en Astarac.

Jean de La Barthe avait épousé par contract du 9e d'avril de l'an 1422 la noble Demoiselle Esclarmonde de Rivière fille de Messire Bernard de Rivière, Chevalier, Vicomte de Labatut.

Jean de La Barthe testa le 17e de janvier de l'an 1494 et mourut peu après laissand de noble Esclarmonde de Rivière sa femme :

1° Bernard de La Barthe qui suit :
2° Arnaud Guilhem, auteur de la branche des seigneurs d'Arné et de Montcorneil *(rapportée ci-après).*
3° N ..... Domange de La Barthe Seigneur de Sepuze et de Hausson qui épousa la noble Demoiselle N..... dont il eut :
   *1° Guillaume de La Barthe.*
   *2° Domange de La Barthe qui épousa par contract du 18e jour d'avril de l'an 1492 à Messire Lancelot de Çardaillac.*
4° Roger de La Barthe Abbé de Simorre en l'an 1455.
5° Othon de La Barthe.
6° Agnès de La Barthe qui épousa par contract du septième jour d'octobre de l'an 1450 Messire Aymery de Comminges.

Pr. 1 à 10 XXV. BERNARD DE LA BARTHE Ier du nom, Seigneur de Giscaro diocèse de Lombez par son mariage contracté avant l'an 1450 avec noble Jeanne de Béon fille et unique héritière de Messire N.... de Béon, Chevalier, Seigneur de Giscaro et de Lassegan. Il reçut le serment de fidélité des habitans du lieu de Giscaro le 30e jour d'avril de l'an 1450 et rendit lui-même foy et hommage au Roy de cette terre au nom de sa femme l'an 1469. Il resta devant Me Martial Villorès notaire Royal de

Simorre le 5e jour de novembre de l'an 1485 et mourut peu après laissant :

1° Arnaud Guilhem qui suit :
2° Bertrand de la Barthe, auteur de la branche des seigneurs de Giscaro *(rapportée ci-après).*
3° Jean de La Barthe auteur de la branche des seigneurs de Thermes *(rapportée ci-après).*

Pr. 1 à 10 XXVIe. ARNAUD GUILHEM DE LA BARTHE IIIe du nom Seigneur de Lassegan, qui donna le dénombrement de laditte terre de Lassegan par devant le sénéchal de Toulouse en l'an 1503.

Arnaud Guilhem de La Barthe épousa en premières noces la noble Demoiselle N... dont il n'eut pas d'enfants et en secondes noces la noble Demoiselle Anne de Biran d'une ancienne noblesse de Gascogne.

Arnaud Guilhem de la Barthe mourut en l'an 1518 laissant de noble Demoiselle Anne de Biran sa seconde femme:

1° Philippe de La Barthe qui suit :
2° Pierre de La Barthe Chevalier, qui fut capitaine d'infanterie gouverneur de Toulon, qui partagea avec son frère Philippe de La Barthe par acte du 6 de mars de l'an 1546 les biens provenant de la succession de leur père.
3° Madeleine de La Barthe qui épousa Messire Jean de Massan, seigneur de l'Has.
4° Catherine de La Barthe qui épousa Messire François de Polastron seigneur du Bosc.
5° Jeanne de la Barthe.
6° Marthe de La Barthe.

Pr. 11
Pr. 12
Pr. 29 XXVII. PHILIPPE DE LA BARTHE Ier du nom, Chevalier Seigneur de Lassegan, Chevalier de l'ordre du Roy rendit hommage et dénombrement de ses terres au sénéchal de Toulouse le 18e jour de mars de l'an 1539. Il partagea avec son frère Pierre de la Barthe le 6e jours de mars de l'an 1546 les biens provenant de la succession de leur père.

Il donna quittance le 13e jour de novembre de l'an 1560 d'une partie de la dot de Demoiselle Catherine de Marquefare sa femme, qui était fille de Messire Odinot de Marquefare qualifié dans plusieurs actes de haut et puissant seigneur.

Philippe de La Barthe laissa de Demoiselle Catherine de de Marquefare sa femme :

1° Carbon de La Barthe qui suit :
Pr. 12 2° François de La Barthe Chevalier, qui épousa noble Demoiselle Isabelle de Vize, fille de Messire Jean de Vize, Seigneur de Gajat et de noble Demoiselle Jeanne de Saint Lary.
Ladite Isabelle de Vize étant veuve, sans enfants de François de La Barthe passa accord avec Messire Carbon de La Barthe le 6e jour de février de l'an 1561.
3° Renaud de La Barthe cité dans tous les actes concernant ses neveux.
4° Catherine de La Barthe qui épousa Messire N... de Polastron dont elle eut un fils : François de Polastron cité dans le testament de Carbon de La Barthe son oncle.
5° Autre Catherine de La Barthe qui épousa Messire N... de Salinier dont

elle eut un fils et une fille : Gabriel de Salinier et Anne de Salinier, tous deux cités dans le testament de Messire Carbon de La Barthe leur oncle

6° Jeanne de La Barthe qui épousa le noble Sire Gaspard de Labourel, cités tous deux dans le testament de Messire Carbon de La Barthe leur frère et beau frère

7° Christine de La Barthe prieure de l'abbaye de Fontgrave.

8° Jeanne de La Barthe religieuse de l'ordre de Saint Laurens.

Pr. 13 Pr. 14 Pr. 15 Pr. 16 Pr. 20 XXVIII°. CARBON DE LA BARTHE, Chevalier, Seigneur de Lassegan et de la Maguère, Chevalier de l'ordre du Roy l'an 1570, était l'an 1569 enseigne de la Compagnie de Messire de Massan suivant une quittance de la somme de 100 livres qu'il donna ledit jour, laquelle est signée : Carbon de Lassegan. Il fut capitaine de 50 hommes d'armes des ordonnances du Roy en 1572, Maréchal de Camp, commandant et gouverneur des Comtés d'Astarac de Comminges et de Bigorre.

Il fut chargé de plusieurs missions importantes par les rois Charles IX et Henry III qui lui témoignèrent par plusieurs Lettres la satisfaction de ses services. Il est qualifié de Maréchal de camp des troupes du Roy en Guyenne dans les Lettres que ce prince lui adressa les 6° et 12° de janvier de l'an 1576, le 21° de mars 1577 et le 8° de mai de la même année.

Carbon de la Barthe épousa en premières noces, par contrat en date du 24° de novembre de l'an 1562 la noble Demoiselle Suprême de Roquelaure fille de Messire Jean de Roquelaure Seigneur de Saint-Aubin et de Bertrande de Bréjolles sa femme.

Carbon de La Barthe épousa en deuxièmes noces par contract du 2° de Décembre de l'an 1577 noble Demoiselle Marguerite de Grossolles fille de Messire Raymond de Grossolles Seigneur et baron de Flammarens, chevalier de l'ordre du Roy et veuve en premières noces de Jean-François d'Aulin, Seigneur d'Aulin.

Carbon de La Barthe n'eut pas d'enfants de cette deuxième alliance : il avait testé le 25° d'avril de l'an 1575 et il testa à nouveau le 20° de septembre de l'an 1579. Il mourut le 28° du même mois laissant de noble Demoiselle Suprême de Roquelaure sa première femme :

1° Philippe de la Barthe qui suit :

2° Jean-François de la Barthe, Chevalier qui eut un différent avec son frère qui lui disputait un legs que son père lui avait fait par son premier testament. Ledit différent fut tranché par une sentence arbitrale du 8° de février de l'an 1594 d'après laquelle, il transigea le 18° de novembre de l'an 1596.

Pr. 17 Pr. 18 Pr. 19 Pr. 20 Pr. 21 XXIX. PHILIPPE DE LA BARTHE II° du nom, Seigneur de Lassegan qui épousa par contract du 8° de juin de l'an 1592 passé devant M° Aimar du Jarry, notaire royal la noble Demoiselle Marthe de Murviel fille de Messire François de Murviel et de noble Demoiselle Catherine de Touges.

Pr. 23 Pr. 28 Philippe de La Barthe épousa en secondes noces par contract du 21e
Pr. 29 de mai de l'an 1602 la noble Demoiselle Guilhaume-Julienne de Carbon-
Pr. 39 Pr. 40 neau fille de Messire N... de Carbonneau et de Demoiselle Françoise
Pr. 51 d'Aubusson.

Laditte Dame Julienne de Carbonneau fit son testament le 20e de may de l'an 1613.

Philippe de La Barthe passa une transaction le 18e de Novembre de l'an 1596 avec Jean de La Barthe son frère au sujet du testament de leur père et d'une sentence arbitrale du 8e de février de l'an 1594.

Philippe de La Barthe IIe du nom, laissa :

Du premier lit :

1° Gabriel de La Barthe qui suit :
Pr. 51 2° Odet de La Barthe auteur de la branche des Seigneurs de Mondeau et de La Mazère (*rapportée ci-après*),
Pr. 40 3° Jacques-François de La Barthe, Sieur de Naugas, héritier par testament
Pr. 51 de Demoiselle Catherine de Touges sa grand'mère maternelle le 11e de septembre de l'an 1630.

Du second lit :

Pr. 51 4° Jean-François de La Barthe, auteur de la branche des Seigneurs de
Pr. 51 Brassac *rapportée ci-après*).
Pr. 51 5° Guy de La Barthe Seigneur de Lisle et de Lassegan.
6° Anne-Louise de La Barthe qui épousa Messire Charles de Roubert Sieur de Fiches.

Pr. 28 Pr. 24 XXX. GABRIEL DE LA BARTHE Ier du nom seigneur de la
Pr. 28 Pr. 29 Maguère de Montpezat et autres lieux, épousa par contract du 17e jour
Pr. 40 d'octobre de l'an 1623, passé devant Me Bertrand Gellide notaire royal, la noble Demoiselle Françoise d'Esparbez de Lussan fille de Messire N... d'Esparbez de Lussan, sieur d'Aulin et de Dame Anne d'Aulin. Gabriel de La Barthe fut institué héritier universel de sa grand'mère maternelle Demoiselle Catherine de Touges, par testament du 11e jour de septembre de l'an 1630.

Gabriel de La Barthe laissa de Demoiselle d'Esparbez de Lussan sa femme :

1° Philippe de La Barthe qui suit :
2° François de La Barthe, auteur de la branche des seigneurs du Coulomé *rapportée ci-après*.
3° Marguerite de La Barthe, citée dans la transaction faite par Philippe de La Barthe, son frère aîné, le 17e de mai de l'an 1658.
4° Jeanne de La Barthe citée dans la transaction faite par Philippe de La Barthe son frère aîné le 17e de mai de l'an 1658.
5° Autre Marguerite de La Barthe citée dans la transaction faite par Philippe de La Barthe son frère aîné le 17e de mai de l'an 1658.
6° Isabeau de La Barthe, religieuse du monastère de Sainte-Ursule de la ville de Gimont, citée dans la transaction faite par son frère aîné Philippe de La Barthe le 17e de mai de l'an 1658.

Pr. 25 Pr. 26 Pr. 27 Pr. 28 XXXI· PHILIPPE DE LA BARTHE IIIe du nom, sieur de la Hage, né vers l'an 1625, épousa par contract du 18e jour d'octobre de l'an 1654 la noble Demoiselle Jeanne du Guerrier fille de Messire Pierre du Guerrier Seigneur de Beaufort et de Dame Marie de Saintes.

Philippe de La Barthe IIIe du nom passa une transaction avec François de La Barthe son frère cadet au sujet de la succession de Messire Gabriel de La Barthe leur père le 17e de mai de l'an 1658.

Philippe de La Barthe épousa en secondes noces l'an 1664 la noble demoiselle Catherine de Geneste fille de Messire Jacob de Geneste, Écuyer, Sieur de La Garde et de dame Catherine du Plantier son épouse.

Laditte Demoiselle de Geneste apporta en dot à Philippe de La Barthe la terre du Plantier, qu'elle avait eue de sa mère.

Philippe de La Barthe Sieur de la Hage et du Plantier et noble demoiselle Catherine de Geneste sa femme, furent parrain et marraine de leur neveu Philippe de La Barthe de la branche du Coulomé.

Philippe de La Barthe Sieur de la Hage et du Plantier mourut laissant de Demoiselle Catherine de Geneste sa seconde femme :

1° Sylvain de La Barthe *(dit de Barbe de La Barthe)* qui suit :
2° Catherine Barbe de La Barthe née vers l'an 1669 résidant en Périgord, épousa Messire N..... Moutard de la paroisse de Moutiers en Sarladais Elle mourut à la Sauvetat de Caumont le 22e de février de l'an 1729 âgée de 60 ans.
3° Jacob de La Barthe *(dit de Barbe)* Seigneur du Plantier, auteur de la branche des Seigneurs du Plantier *(rapportée ci-après)*.

Pr. 28 XXXII. SYLVAIN DE LA BARTHE Ier du nom, *(dit de Barbe de la Barthe)* dont les descendants firent précéder leur nom de celui de: BARBE, pour se distinguer des branches cadettes de Montcorneil, de Fumel et de Thermes alors encore existantes.

Ils modifièrent également leurs armes et prirent les suivantes : *D'azur à une barre accompagnée de deux barbeaux dans le sens de la barre le tout d'or.*

Sylvain de La Barthe *(dit de Barbe)* était né à la Sauvetat de Caumont le 18e de juillet de l'an 1666 et épousa à Castillon sur Dordogne l'an 1712 la noble Demoiselle Marguerite Queissat ou Queissac fille de Messire Jean Queissat ou Queissac, avocat en Parlement.

Sylvain de La Barthe, *(dit de Barbe)* fut Conseiller secretaire du Roy en l'an 1732. Il laissa de Demoiselle Marguerite Queissat ou Queissac sa femme :

1° Henry César de Barbe de la Barthe qui suit :

2° Pierre Jean Baptiste Sylvain de Barbe de La Barthe auteur de la branche des Seigneurs de Montlau *(rapportée ci-après).*
3° Catherine de Barbe de La Barthe.
4° Sylvain de Barbe de La Barthe.

Pr. 30. XXXIII. HENRY CÉSAR DE BARBE DE LA BARTHE Ecuyer Sieur de Saint-Loubert épousa par contrat du 24° de février de l'an 1743 la noble Demoiselle Marie de Montardit de Traversat de Lacoste dont il eut :

1° Michel de Barbe de La Barthe Saint-Loubert qui suit :
2° Antoine-Vénin de Barbe de La Barthe Saint-Loubert qui fut parrain de son neveu Antoine de Barbe de La Barthe Saint Loubert, le 21° jour d'août de l'an 1777, épousa par contract du 29° de novembre de l'an 1780 en la commune de Saint-Pastour, la noble demoiselle Marie- Félicité de Joubert dont il eut deux fils et une fille :
Pr. 33 I° *Pierre de Barbe de La Barthe Saint-Loubert mort jeune à Duras (Lot-et-Garonne), le 15° jour d'août 1783.*
II° *Jean de Barbe de La Barthe Saint-Loubert née à Duras (Lot-et-Garonne) l'an 1784 mort à Duras le 4 août 1868.*
Pr. 34 III° *Françoise de Barbe de La Barthe Saint-Loubert née à Duras (Lot-et-Garonne), le 8° jour de Septembre 1785, qui épousa par contrat du 9 brumaire an XII à Monstiers près Duras (Lot et Garonne) Jean Baptiste Dalaux. Elle mourut à Sainte-Livrade le 27 janvier 1861.*
Pr. 41 3° Charles François de Barbe de La Barthe Saint-Loubert né à Saint-Barthélemy (Lot-et-Garonne (le 27° jour de janvier de l'an 1754.

Pr. 31
Pr. 35 XXXIV. MICHEL DE BARBE DE LA BARTHE SAINT-LOUBERT Ecuyer né au mois de septembre de l'an 1751, épousa à Montpezat (Lot-et-Garonne) le 8° d'Octobre de l'an 1776 la noble demoiselle Henriette de Garrigue de Sarrazi et mourut à Saint-Barthélemy (Lot-et-Garonne) le 9 décembre 1806.

1° Antoine de Barbe de La Barthe Saint-Loubert qui suit :
2° Etienne Philippe de Barbe de La Barthe Saint-Loubert auteur du rameau cadet *(rapporté ci-après).*

Pr. 32
Pr. 36
Pr. 38 XXXV. ANTOINE DE BARBE DE LA BARTHE SAINT-LOUBERT né à Montpézat le 21° jour d'août de l'an 1777 épousa le 27 Mai 1809 Demoiselle Suzanne de Barbe de La Barthe sa cousine, fille de Monsieur Jean Sylvain de Barbe de la Barthe de la branche de Montlau et de Suzanne de Bonneau de Montauzier son épouse.

Antoine de Barbe de La Barthe Saint-Loubert mourut à Bordeaux le 5 juin 1843 laissant :

1° Jean Sylvain de Barbe de la Barthe qui suit :
2° Marie Edma de Barbe de La Barthe Saint-Loubert née en 1815 et décédée à Saint-Livrade le 27 juillet 1820 âgée de cinq ans.
3° Suzanne Marie de Barbe de La Barthe Saint-Loubert née en 1819 et décédée à Saint-Livrade le 31 juillet 1820.
4° Marie Caroline de Barbe de La Barthe Saint-Loubert née à Sainte-Livrade (Lot-et-Garonne) le 15 octobre 1825.

Pr. 37 XXXVI. JEAN SYLVAIN DE BARBE DE LA BARTHE SAINT-LOUBERT né à Saint-Léger de Vignague près de La Réole (Gironde) le 23 avril 1810 épousa au mois d'août 1836 Mademoiselle Louise Clémence Pigalle et mourut le 28 octobre 1865 laissant :

1° Marie Louis Raoul de Barbe de la Barthe Saint-Loubert né le 16 juillet 1854, qui fut administrateur de première classe, des affaires indigènes de Cochinchine puis résident supérieur de France au Cambodge. Lorsqu'il occupait cette dernière fonction il fut envoyé en mission par le gouvernement Français auprès des autorités Siamoises et Cambodgiennes. C'est au cours de cette mission qu'il contracta les fièvres paludéennes dont il mourut le 14 mai 1890 à l'âge de 36 ans après un séjour de 14 années en Indo-Chine.
2° Marie Amable Antony de Barbe de La Barthe Saint-Loubert qui suit :
3° Marie Louise Octavie de Barbe de La Barthe Saint-Loubert.
4° Marie Antoinette Berthe de Barbe de La Barthe Saint-Loubert.
5° Anne-Marie Sylvie de Barbe de La Barthe Saint-Loubert.
6° Marie Caroline Victoria de Barbe de La Barthe Saint-Loubert.

Pr. 42 XXXVII. MARIE AMABLE ANTONY DE BARBE DE LA BARTHE SAINT-LOUBERT, né à Chaumes près Melun (Seine-et-Marne) le 9 janvier 1856 épousa le 8 septembre 1885 Mademoiselle Marie Louise Valentine Coudray dont il a :

1° Marie Louise de Barbe de La Barthe Saint-Loubert née à Chelles (Seine-et-Marne) le 18 mai 1887.
2° Marie Antoinette de Barbe de La Barthe Saint-Loubert née à Chelles (Seine-et-Marne) le 13 septembre 1888.
3° Marie Eugène Joseph Hubert Raoul de Barbe de La Barthe Saint-Loubert né à Chelles (Seine-et-Marne) le 31 août 1890.
4° Marie François Antony René Hubert de Barbe de La Barthe Saint-Loubert né à Chelles (Seine-et-Marne) le 31 mai 1896.

## LES SEIZE QUARTIERS DE NOBLESSE

DE

# JEAN SYLVAIN DE BARBE

## DE LA BARTHE SAINT-LOUBERT

(CITÉ PAGE 15 : XXXVIe DEGRÉ)

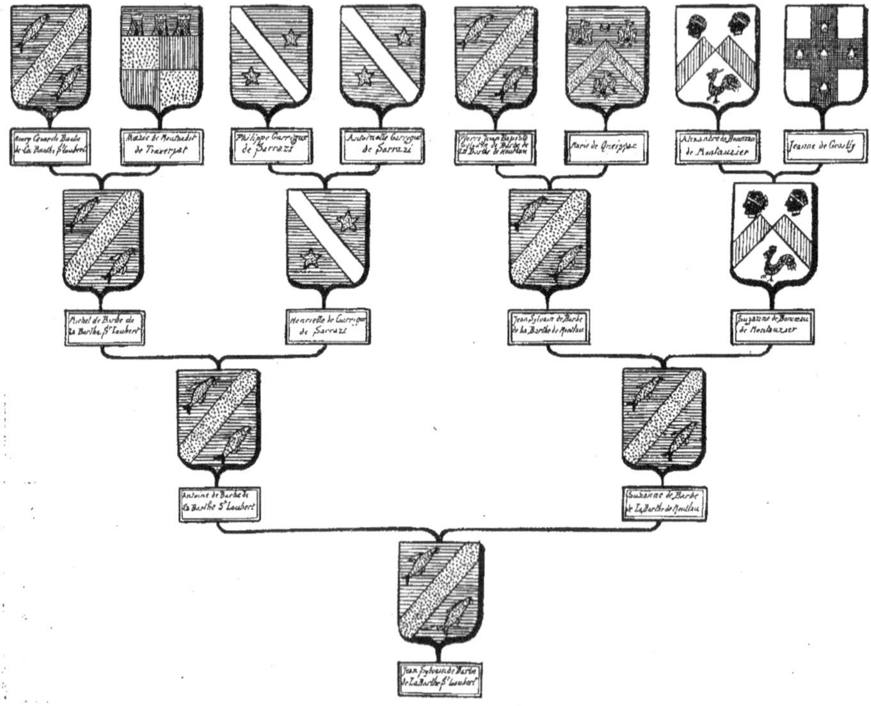

# BRANCHE AINÉE

## RAMEAU CADET

# RAMEAU CADET

## De la Branche aînée

(*Voir page 14*)

---

Pr. 43
Pr. 47 XXXV° ETIENNE PHILIPPE DE BARBE DE LA BARTHE SAINT-LOUBERT né à St Barthelemy (Lot et Garonne) le 26° jour de septembre de l'an 1780 (*deuxième fils de Michel de Barbe de La Barthe St Loubert et de noble Demoiselle Françoise Henriette de Sarrazi*) épousa la Demoiselle Anne Mazeau et mourut à St Barthelemy le 24 avril 1845, laissant de son mariage :

1° Antoine Léopold de Barbe de La Barthe St Loubert qui suit :

Pr. 44 2° Jean Baptiste de Barbe de La Barthe St Loubert né à St Barthelemy (Lot et Garonne) le 13 juin 1823.

Pr. 45 3° Jean Dominique de Barbe de La Barthe St Loubert né à St Barthelemy (Lot et Garonne) le 3 juin 1826. Epousa Demoiselle N... dont il eut :

*I° André Benoist Eraste Georges de Barbe de la Barthe St Loubert né à Monségur le 16 juin 1860, a épousé Mademoiselle Lapeyre dont :*

*Joseph Edmond Léonce Guy de Barbe de la Barthe St Loubert né à Montségur le 22 juillet 1893.*

*II° N... de Barbe de La Barthe St Loubert.*

Pr. 46 4° Jean Joseph Marguerite Nelson de Barbe de La Barthe St Loubert né à St Barthélemy (Lot et Garonne) le 2 juin 1829, a épousé en 1856 Mademoiselle Léonie de Ménars dont il a :

*I° André Benoist Eraste Georges de Barbe de La Barthe St Loubert né à St Barthélemy (Lot et Garonne) le 3 juillet 1858.*

*II° Jean Dominique de Barbe de La Barthe St Loubert né à St Barthélemy (Lot et Garonne) le 13 janvier 1860.*

*III° Jean Jacques Maurice de Barbe de La Barthe St Loubert né à St Barthélemy, le 27 juillet 1861.*

*IV° Louis Gustave Jean de Barbe de La Barthe St Loubert né à St Barthélemy (Lot et Garonne) le 23 février 1866.*

Pr 48 XXXVI° ANTOINE LEOPOLD DE BARBE DE LA BARTHE SAINT LOUBERT né à St Barthelemy (*Lot et Garonne*) en 1821, épousa à Seyches (*Lot et Garonne*) Mademoiselle Catherine Clarisse Martin et mourut à Seyches le 2 octobre 1879, laissant de son mariage :

1° Pierre Omer de Barbe de La Barthe St Loubert qui suit :

2° N... de Barbe de La Barthe St Loubert mort en bas âge.

Pr. 49 XXXVII° PIERRE OMER DE BARBE DE LA BARTHE SAINT LOUBERT né à St Barthelemy (*Lot et Garonne*) le 8 mai 1846 et qui a épousé une Demoiselle Banizette.

## BRANCHE DES SEIGNEURS

# DE LA BARTHE-FUMEL

(ISSUE DE LA BRANCHE AINÉE)

# BRANCHE

## Des Seigneurs de la Barthe-Fumel

(ISSUE DE LA BRANCHE AINÉE. VOIR PAGE : 7)

---

XVI. ARNAUD GUILHEM DE LA BARTHE I^er^ du nom *deuxième fils d'Auger I^er^ du nom, Vicomte de La Barthe, Comte d'Aure, de Nestes, de Magnoac, de Barbe Rousse et d'Arné et de Demoiselle N... sa femme ;* eut de sa femme dont on ignore le nom :

1° Sanche qui suit :
2° Contours de La Barthe née avant l'an 1190, et qui épousa Messire Bernard Comte de Cominges. Leur mariage fut déclaré nul au mois de Novembre 1197.

XVII· SANCHE II^e^ du nom, Vicomte de La Barthe Seigneur dudit lieu et autres places, fonda l'an 1235 dans l'abbaye de Bonnefous, un anniversaire pour lui et ses parents et donna pour cette fondation six septiers de froment, trois charges de vin, et vingt sols Morlas à prendre sur les terres d'Autichan, d'Illeu et de Post qu'il avait acquises des seigneurs de Cardaillac.

Sanche II^e^ du nom épousa deux femmes dont il n'eut pas d'enfants et il eut comme 3^e^ épouse la noble Demoiselle Mathilde de Comminges fille de Bernard Comte de Comminges et de noble Demoiselle Marie dame de Montpellier. Il laissa de cette dernière alliance :

XVIII· ARNAUD GUILHEM II^e^ du nom, Vicomte de La Barthe, Seigneur de la Barthe, d'Autichan, d'Illeu, de Post et autres lieux, qui vivait en l'an 1259 qui ne laissa que deux filles, de Demoiselle N... sa femme :

1° Veronique de La Barthe qui épousa l'an 1263 Messire Bernard d'Armagnac, tué dans un combat singulier en l'an 1272 par Messire Gérard de Casomont, seigneur de Hautpuy, pour raison de la mouvance du château de ce lieu. Cet Arnaud Bernard d'Armagnac, troisième fils de Roger d'Armagnac, Comte du dit lieu, Vicomte de Fezenzac et de noble Demoiselle d'Albret ne laissa point d'enfants de son mariage.
2° Brunissende qui suit :

XIX· BRUNISSENDE DE LA BARTHE qui après la mort de sa

sœur aînée, décédée sans enfants, hérita de tous les biens de ses père et mère. Elle jouissait de ses biens en l'an 1283 et les porta à son mari Bertrand de Fumel Ier du nom, fils puîné de Messire de Fumel baron de Fumel (*Quercy*).

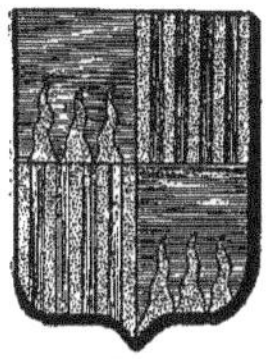

Bertrand de Fumel devint par son mariage, Vicomte de La Barthe, Comte d'Aure et de Magnoac, Seigneur de Barbe Rousse d'Autichan, d'Illeu de Post et autres lieux et il écartela ses armes qui étaient : *D'azur à 3 fumées d'or sortant de la pointe de l'écu* avec celles de La Barthe qui sont : *d'or à quatre pals de gueules*. Sa postérité prit le nom de La Barthe-Fumel et ses enfants furent :

1° Arnaud Guilhem qui suit :
2° Bertrand de La Barthe-Fumel.
3° Gaussende de La Barthe-Fumel qui épousa en l'an 1291, Messire Raymond de La Barthe de Montcorneil, comte et seigneur d'Arné et de Montcorneil, son cousin au 4° degré dont il a été parlé au XX° degré de la branche aînée.
4° Sybille de La Barthe-Fumel qui épousa Messire Bertrand de Durfort, Seigneur de Clermont.

XX· ARNAUD GUILHEM DE LA BARTHE-FUMEL IIIe du nom, Vicomte de La Barthe-Fumel, d'Aure et de Magnoac, seigneur desdits lieux, de Barbe Rousse et autres lieux, qui épousa noble Demoiselle Mascarosse d'Armagnac fille de Messire Geraud V Comte d'Armagnac et de Fezenzac et de Demoiselle Marthe de Béarn.

Arnaud Guilhem de La Barthe-Fumel laissa de ce mariage :

1° Géraud de la Barthe-Fumel qui suit :
2° Arnaud Guilhem de La Barthe-Fumel, qui fut évêque de Lectoure puis d'Albi.
3° Roger de La Barthe-Fumel, écuyer, Sieur de Montesquieu qui donna quittance le 13° d'octobre l'an 1350 à Messire Jean Chauvel trésorier des guerres. *Il brisait ses armes d'une bande chargée de 3 lions.*
4° N... de La Barthe-Fumel qui épousa le seigneur de Pujols.

XXI· GERAUD DE LA BARTHE-FUMEL, Vicomte de La Barthe, d'Aure et de Magnoc, Seigneur de La Barthe-Fumel, d'Aure de Magnoac et autres lieux, alias dénommé Girard Capitaine de Ste-Livrade, donna quittance à Messire Jean Chauvel trésorier des guerres, de 500 livres tournois sur ses gages et sur ceux de 100 écuyers de sa compagnie le 3° d'avril de l'an 1345. Il en donna une autre à ce même trésorier le 10° d'octobre de l'an 1350, de la somme de 1774 livres tournois neuf sols sur ses gages de Chevalier banneret.

Geraud de La Barthe épousa en 1[res] noces à la noble Demoiselle Trenca Lienhana ; en deuxièmes noces avec Demoiselle Eleonore de Saluces ; en troisièmes noces avec Demoiselle Miramonde de Bonneville ;

et en quatrièmes noces avec Demoiselle Brunissende de Lautrec, Vicomde Lautrec dont il eut :

1° Jean de La Barthe qui suit :
2° Laure de La Barthe qui épousa Messire Guigues de Lévis seigneur de La Roche à qui elle porta la Vicomté de Lautrec.
3° Mascarosse de La Barthe épouse en secondes noces de Jean Comte d'Astarac Ier du nom.

XXII· JEAN DE LA BARTHE-FUMEL Vicomte de La Barthe, d'Aure et de Magnoac, de la Barthe-Fumel et autres lieux qui fut qualifié de capitaine de Villeneuve d'Agénois, donna quittance en l'an 1363 de la somme de 256 écus et deux tiers d'écu sur ses gages et ceux de ses gens d'armes de sa compagnie pour la garde de cette place, depuis le 8e de Décembre de l'an 1358 jusqu'au 1er jour de May de l'an 1359. Il s'engagea par acte passé à Toulouse le 21e d'octobre de l'an 1370 au Duc d'Anjou, Lieutenant du Roy en Languedoc avec 100 hommes d'armes de sa compagnie pour la somme de 1500 francs d'or, à compte de laquelle il donna par le même acte, quittance de celle de 200 francs d'or.

Il en donna une autre de pareille somme le 1er de février de l'an 1777 au duc d'Anjou qui lui avait fait don par Lettres datée de Gaillac en Albigeois, le 11e d'Avril 1376 pour le récompenser de ce qu'après avoir pris le Chatel de Châteaufort en Bigorre, il l'avait gardé et le gardait encore à ses dépens.

Jean de La Barthe épousa en 1res noces la noble Demoiselle Marguerite de Madaillan, baronne de Cançor en Agénois, et en deuxièmes noces avec Demoiselle Jeanne d'Albret veuve de Guillaume Raymond Seigneur de Caumont. Il n'eut point d'enfants de ses deux mariages et par son testament de l'an 1398 il ratifia la donation qu'il avait faite à noble Arnaud Guilhem de La Barthe fils de Raymond deuxième du nom Comte et Seigneur d'Arné et de Montcorneil, des terres de Bourisp, de St-Lari et d'Ithan en Aure en contre échange desquelles ledit Arnaud Guilhem de La Barthe avait cédé tous les droits qu'il avait sur la terre de Magnoac.

Jean de La Barthe institua son héritier universel Bernard VIIe du nom Comte d'Armagnac son cousin au IIIe degré, en faveur duquel il disposa de la Vicomté de La Barthe.

Il mourut le 5e d'Octobre 1398 et le Comte d'Armagnac prit possession de son hérédité le 17e et le 18 du même mois.

Cette terre fut réunie à la couronne en l'an 1481.

BRANCHE DES SEIGNEURS

# D'ARNÉ ET DE MONTCORNEIL

(ISSUE DE LA BRANCHE AINÉE)

# BRANCHE

## Des Seigneurs d'Arné et de Montcorneil

(ISSUE DE LA BRANCHE AINÉE. (*Voir page 9*)

XXV° ARNAULD GUILHEM DE LA BARTHE 2e *fils de Jean de La Barthe III° du nom, Comte et Seigneur d'Arné, de Montcorneil et de Guisery*, premier baron d'Astarac et sénéchal d'Aure eut un procès contre Isabelle d'Armagnac, Dame des Quatre Vallées qui lui disputait la Seigneurie de Rethoy en Magnoac. A ce sujet il fit faire une enquête le 20e de mars de l'an 1474, où les témoings déclarèrent, qu'il en était Seigneur-Haut-Justicier ainsi que Jean de La Barthe son père et Arnaud de La Barthe son ayeul.

Arnaud Guilhem avait épousé par contract du 12° d'août de l'an 1443 la noble Demoiselle Mondine de Leaumont Demoiselle d'honneur d'Isabelle d'Armagnac et fille de Raymond de Leaumont, Seigneur de Puy Gaillard. Laditte Demoiselle Mondine de Léaumont reçut le jour du contract une donation de 600 écus d'or dix livres, pris sur les revenus de la terre d'Aure, plus deux robes, l'une de drap et l'autre de damas; donation faite par Demoiselle Isabelle d'Armagnac et Messire Jean d'Armagnac son frère.

Arnaud Guilhem laissa de Demoiselle Mondine de Leaumont sa femme :

1e Jean de La Barthe qui suit :
2e Roger de La Barthe qui fut abbé de Simorre en l'an 1492.
3e Pierre de La Barthe auteur de la branche des Seigneurs de l'Artigolles (*Rapportée ci après* ).
4e Pex de La Barthe qui fut abbé de Faget.
5e Catherine de La Barthe qui fut comme sa mère, demoiselle d'honneur d'Isabelle d'Armagnac, laquelle lui légua 150 écus d'or, ainsi qu'un habillement de camelot et un d'écarlate.
6e Antoinette de La Barthe qui épousa par contrat du 11e de décembre de l'an 1480, Messire Pierre de Lagorsan, seigneur de Bellegarde. Parmi les signataires du contrat se trouvent Messire Jean de La Barthe abbé de Simorre, son oncle et Pex de La Barthe abbé de Faget son frère.
7e Jeanne de La Barthe qui épousa Messire Arnaud Guilheaume de Cominges Seigneur de Puy Guilhem.

XXVI° JEAN DE LA BARTHE III° du nom, Comte et Seigneur

d'Arné de Montcorneil et de Guisery, chevalier, sénéchal d'Aure reçut le 16e de novembre de l'an 1498 en présence d'Arnaud de La Barthe son père, le serment de fidélité des habitants de Guisery Bertrand de La Barthe son cousin germain jouissait encore en l'an 1504 de certains droits sur la vallée d'Aure puisque cette même année il lui céda et transporta tous les droits qu'il avait sur les montagnes appelées Montabrin, Predicil, Buissanet, Forduransa, Periper, Jurat et Estinocière qui avaient été données à ses père et mère pour leurs légitimes.

Jean de La Barthe recut quittance le 4e d'octobre de l'an 1526 de Pierre de La Barthe son frère, qui lui avait vendu sa légitime pour en employer la somme à l'achat de la terre de l'Artigolle. Jean de La Barthe épousa la noble Demoiselle Brunette d'Isalguier fille de Jacques d'Isalguier et de Demoiselle Anne de Foix Rabat. Il laissa de son mariage :

1° Mathieu de La Barthe qui suit :
2° Roger de La Barthe religieux profès de l'ordre de St Benoît et prieur de St Déodé en l'an 1530 ainsi qu'il appert du contrat de mariage de Mathieu de La Barthe son frère ainé.
3° et 4° Bernard et Felix qui sont cités au contrat de mariage de leur frère ainé Mathieu de La Barthe le 20 d'avril de l'an 1530.
5° Gabrielle de La Barthe qui épousa par contract en date du 28e de janvier de l'an 152) Messire Odet de Soreac Seigneur de Meun en Bigorre.
6° Barbe de La Barthe qui vivait en l'an 1544, épousa Messire N... d'Eaux ou d'Aux dit de La Forgue.
7° N... de La Barthe qui épousa Messire Jean de La Barthe son cousin, fils de Paul de La Barthe Seigneur de Giscaro.
N... de La Barthe porta en dot, dans la branche de Giscaro la terre d'Arné.

XXVII. MATHIEU DE LA BARTHE Chevalier, Seigneur de Montcorneil et de Guisery, sénéchal d'Aure, transigea le 20e de février de l'an 1544 avec Barbe de La Barthe sa sœur, en présence de Messire Pierre de Saint Lary seigneur de Bigorre, de Jean d'Arcissac et de Jean de Soreac.

Mathieu de La Barthe épousa par contract du 20e d'avril de l'an 1530, la noble Demoiselle Catherine de Lomagne fille de Messire François de Lomagne baron de Montagnac et de Corrensan et de noble Demoiselle Jeanne de La Roche Fontenilles.

Mathieu de La Barthe obtint le 15e de Janvier de l'an 1553 confirmation du droit qu'il avait de prendre le bois mort dans la forêt de Pompasan.

Mathieu de La Barthe laissa de Demoiselle Catherine de Lomagne sa femme :

1° Jean de La Barthe qui suit :
2° Arnaud de La Barthe, Maréchal des Logis de la compagnie de 50 lances de Messire de Bellegarde et qui en cette qualité donna quittances le 19e de Décembre de l'an 1568 et le 1er d'octobre de l'an 1569. Lesdittes quittances signées : Arnaud de Montcorneil.

3° Françoise de La Barthe qui épousa par contract du 12° de novembre de l'an 1554 Messire Jean de Guiscard Seigneur de La Coste. Elle testa le 13° de may de l'an 1605 et mourut peu après.
4° Gabrielle de La Barthe qui épousa Messire Balthazard d'Alard Seigneur de Regolières.
5° Hélène de La Barthe qui épousa Messire Tristan de Castelnau, baron de Serviès.
6° Marguerite de La Barthe qui épousa Messire François du Lac, Seigneur de Cairech et de Boisse.
7° Paule de La Barthe qui fut la seconde femme de Messire Michel d'Astarac seigneur de Fontrailles sénéchal d'Armagnac, gouverneur de Lectoure.

Paule de La Barthe transigea avec ses sœurs pour la succession de leur frère aîné le 4° de mars de l'an 1589. Et par son testament du 30° de may de l'an 1595, elle donna tous ses biens à son mari, car elle n'avait pas d'enfants.

XXVIII. JEAN DE LA BARTHE IV° du nom Chevalier Seigneur de Montcorneil et de Guisery qui épousa la noble Demoiselle Margueritte de Narbonne fille de Messire Aimeric de Narbonne Sieur de Loumagne et il mourut en l'an 1580 sans laisser d'enfants.

BRANCHE

DES

# SEIGNEURS DE GISCARO

(ISSUE DE LA BRANCHE AINÉE)

# BRANCHE

## Des Seigneurs de Giscaro

(ISSUE DE LA BRANCHE AINÉE. *Voir page 10*)

---

XXVI. BERTRAND DE LA BARTHE Chevalier Seigneur de Giscaro 2e *fils de Bernard de La Barthe et de noble Demoiselle Jeanne de Béon sa femme*, jouissait encore de certains droits sur la vallée d'Aure en l'an 1504 puisque cette même année il céda et transporta à Jean de La Barthe IIIe du nom, seigneur de Montcorneil, sénéchal d'Aure, son cousin, les droits qu'il avait sur les montagnes appelées Montabrin, Prédécil, Buseau, Buissanet, Forduransa, Periper Jurat et Estinocière, droits qu'il n'avait conservés que parce qu'ils avaient été donnés à ses père et mère pour leurs légitime. L'original de cet acte passé devant notaire, est dans les registres de l'abbaye de Gimont.

Bertrand de La Barthe épousa la noble Demoiselle Sybille de Mona fille de Messire Arnaud de Mona Seigneur de Savignac.

Bertrand de la Barthe testa le 6e de Décembre de l'an 1517 et mourut peu après laissant de Demoiselle Sybille de Mona sa femme :

XXVII. JEAN DE LA BARTHE IVe du nom, Chevalier Seigneur de Giscaro et de Boucaignières, qualifié de Maréchal des Logis de la Compagnie de 50 hommes d'armes de Mre de Martigues dans deux quittances des 3e de juin 1566 et 4e de janvier 1567, il vivait encore en l'an 1580.

Jean de La Barthe avait épousé la noble Demoiselle Catherine de Peguilhem dont il eut :

Pr. 50 XXVIII. PAUL DE LA BARTHE, IIe du nom, Chevalier Seigneur de Giscaro et de Boucaignieres qui rendit hommage et donna dénombrement desdittes terres devant le sénéchal de Toulouze le 24e de novembre 1540 et testa le 30e de décembre de l'an 1570. Il avait épousé par contract du 31e de janvier de l'an 1529 la noble Demoiselle Marie d'Armantieu de La Palu, fille de noble Bertrand d'Armantieu Seigneur de la Palu. Le plus jeune des enfants de Messire Paul de La Barthe Seigneur de Giscaro et de noble Demoiselle d'Armantieu de la Palu avait 14 ans, lorsque le maréchal de Bellegarde et Messire René de Rochechouard Mortemart leurs parents, les présentèrent au Roy.

Marie d'Armantieu femme de Paul de La Barthe, fut mère de 32 enfants mâles et 4 filles ; elle avait deux sœurs mariées dont l'une eut 28 enfants mâles et l'autre 24. En sorte qu'à elles trois, ces sœurs eurent 88 enfants.

Des 36 enfants de Paul de La Barthe on ne connaît que :

1° Mathieu de La Barthe qui suit :
2° Jean Marie de La Barthe qui épousa la noble Demoiselle N.... de La Barthe fille et unique héritière de Messire Jean de La Barthe III° du nom et de noble Demoiselle Brunette d'Isalguier sa femme. Laditte Demoiselle de La Barthe apporta en dot la terre d'Arné.
3° Philippe de La Barthe qui épousa la noble Demoiselle Jeanne de Paris (*de la province de Dauphiné*). Il en eut un fils : Jacques de La Barthe qui prit le nom et les armes de noble Françoise de Châteaudouble sa femme, et dont la postérité est inconnue.
4° Autre Jean de La Barthe qui est cité dans le testament de Messire Paul de La Barthe son père, le 30° de Décembre de l'an 1570.
5° Adrien de la Barthe, chevalier qui fut gouverneur de la ville de Nîmes puis de celle de Toulon, épousa la noble Demoiselle Françoise de Seilles de Roquefec et dont la postérité est inconnue.
6° Gabriel de La Barthe, auteur de la branche des Seigneurs de Montignac (*rapportée ci-après* )
7° Jacques de La Barthe auteur de la branche des Seigneurs de Valentine (*rapportée ci-après.*)
8° et 9° Jeannot et Charles de La Barthe qui sont cités dans le testament de Messire Paul de La Barthe leur père le 30° de Décembre de l'an 1570.
10° Autre Charles de La Barthe cité dans le testament de Messire Paul de La Barthe son père, le 30° de Décembre de l'an 1570.
11° Catherine de La Barthe qui épousa le seigneur de Gaillarville.
12° Marguerite de La Barthe qui épousa le seigneur de La Lignée.
13° Anne de La Barthe qui épousa noble Simon Dumont Seigneur de Malas.
14° Anne Pellegrie de La Barthe, citée dans le testament de Messire Paul de La Barthe son père le 30° de Décembre de l'an 1570.

XXIX. MATHIEU DE LA BARTHE, Chevalier Seigneur de Giscaro et de Boucaignères, épousa par contrat du 10° de juin de l'an 1571, la noble Demoiselle Antoinette de Goth fille de Messire Jean de Goth seigneur de Rouillac et de Demoiselle Catherine de Montlezun Dame d'Anfan. Laditte Demoiselle Antoinette de Goth était morte lors du testament de son père, (*testament fait au chateau de Roquefort le 29° de juin de l'an 1590*) par lequel Messire Jean de Goth fait un leg au fils de feue Demoiselle de Goth sa fille et de Mathieu de La Barthe Seigneur de Giscaro son mari.

Mathieu de La Barthe testa le 11° de Juin de l'an 1603 et mourut peu après laissant de Demoiselle Antoinette de Goth sa femme :

XXX. ARNAUD GUILHEM DE LA BARTHE IV° du nom, Chevalier Seigneur de Giscaro, qui épousa par contrat du 11° de Janvier de l'an 1599 la noble Demoiselle Catherine de Murviel sœur de Marthe de Murviel, qui avait épousé Philippe de La Barthe IIe du nom (*de la branche aînée*) et fille de Messire François de Murviel, Chevalier, Seigneur de Murviel et de Demoiselle Catherine de Rouges de La Haye sa femme.

Arnaud Guilhem mourut le 20e d'avril de l'an 1622, laissant de Demoiselle Catherine de Murviel sa femme :

1° Jean Jacques de La Barthe qui suit :
2° Guillaume de La Barthe qui fut chanoine de Montauban.
3° Arnauld de La Barthe qui fut chevalier de Malte.
4° Charles de La Barthe qui fut chevalier de Malte.
5° Jean Louis de La Barthe qui est cité dans le testament de son père.
6° Catherine de La Barthe qui prit le voile à Toulouse.
7° Marguerite de La Barthe.
8° Françoise de La Barthe.

XXXI. JEAN JACQUES DE LA BARTHE, Chevalier, Seigneur de Giscaro capitaine au régiment des Gardes Françaises, épousa par contrat du 8e de Janvier de l'an 1623, la noble Demoiselle Agnès de Brion fille de Messire Scipion de Brion Seigneur de Casteljaloux et de noble Demoiselle Louise de Montagut.

Jean Jacques de La Barthe laissa de son mariage :

XXXII. JEAN LOUIS DE LA BARTHE, Chevalier, Seigneur de Giscaro, qui fut colonel d'un régiment d'infanterie et ensuite capitaine des Chevau-Légers. Il eut acte de la présentation de ses titres devant le sieur Lartigue, subdélégué de Messire Pellot intendant de la province de Guyenne le 15e de juin de l'an 1667. Jean Louis de La Barthe avait épousé par contrat du 6e d'août de l'an 1655 la noble Demoiselle Catherine de Polastron fille de Messire Denis de Polastron Seigneur de la Hillière et de noble Demoiselle Marguerite du Bouzet.

Jean Louis de La Barthe ne laissa qu'une fille :

N... de La Barthe qui épousa en premières noces Messire N... de Sérignac Seigneur de Belmont et en deuxièmes noces Messire Barbotan de la Rivière, vicomte de Labatut.

BRANCHE

DES

# SEIGNEURS DE THERMES

(ISSUE DE LA BRANCHE AINÉE)

# BRANCHE

## Des Seigneurs de Thermes

(ISSUE DE LA BRANCHE AINÉE. *Voir page 10.*)

---

Pr. 1 à 10 XXVI. JEAN DE LA BARTHE IIIe du nom, Chevalier (*3[e] fils de Bernard de la Barthe, Chevalier Seigneur de Giscaro et de noble Demoiselle Jeanne de Béon sa femme;*) épousa la noble Demoiselle Jeanne de Péguilhem fille et unique heritière de Messire N.... de Peguilhem chevalier, Seigneur de Thermes et de Demoiselle Marie de Vilambis.

Jean de La Barthe laissa de son mariage :

1° Paul de La Barthe qui suit:
2° Jeanne Mathilde de La Barthe qui épousa Messire Pierre d'Orbessan, Chevalier, Seigneur d'Orbessan. Elle eut de ce mariage : *Marguerite d'Orbessan qui épousa par contrat du 11° de mars de l'an 1522 Messire Pierre de Saint-Lary, maréchal de France qui fut institué héritier de Paul de La Barthe maréchal de France seigneur de Thermes son oncle par alliance dont il épousa la veuve par dispense.*
3° Paule de La Barthe qui épousa le capitaine de Bazordan dont elle eut un fils qui fut Maistre de camp et fut tué au siège de Montanban en l'an 1562.

Pr. 1 à 10 XXVII. PAUL DE LA BARTHE Ier du nom, Chevalier, né à Coseran l'an 1482, Seigneur de Thermes, Chevalier de l'ordre du Roy, Capitaine de cinquante hommes de ses ordonnances; fut gouverneur de Paris et de l'Isle de France; il est qualifié de Maréchal de Thermes dans la plupart des actes le concernant. Paul de La Barthe fit ses armes dans les guerres d'Italie où il se signala au siège de Naples l'an 1528 et au retour duquel il fut pris par les Corsaires puis racheté ; il se rendit au Piémont l'an 1536 et contribua fortement à la conquête de ce pays. En l'an 1537 nous retrouvons le Maréchal de Thermes au ravitaillement de Thérouane, puis au siège de Perpignan en l'an 1541. Il fut gouverneur de Savillan en 1542. Colonel général de la cavalerie légère à la bataille de Cerisolles l'an 1544. C'est à cette bataille que le Maréchal de Thermes mit en déroute la cavalerie Florentine, donna jusqu'au milieu du régiment du prince de Salerne où il demeura prisonnier, son cheval ayant été tué sous lui. Il passa en Ecosse comme Lieutenant du Roi, et là il se comporta généreusement envers les ennemis, pendant la guerre de 1549. Il fut envoyé l'année suivante en Ambassade auprès du Pape Paul III, et soutint avec valeur au mois de novembre de cette même année le siège de Parme contre les Impériaux. Il contribua fortement à la formation de la ligne des Siennois, les fit soulever le 5e d'août de l'an 1552 et commanda l'armée que le Roy envoya à leur secours. Le Maréchal passa ensuite en l'isle de Corse, puis de là en Piémont où il commanda durant l'absence du Maréchal de Brissac. Le Roy donna au Maréchal de Thermes le Comté de Comminges dans la sénéchaussée de Toulouse le 10e de Février de l'an 1555, en récompense de ses services. Après la prise de Calais Paul de La Barthe en fut nommé gouverneur.

En l'an 1558 le Roy le nomma Maréchal de France; la même année le Maréchal se rendit maître de Dunkerque et de Bergues Saint-Winock, mais il perdit peu après la bataille de Gravelines où il fut blessé et fait prisonnier le 14e de juillet de l'an 1558.

Malgré sa défaite qui lui valut le surnom de *Malheureux Capitaine*, il fut en grande considération jusqu'à sa mort qui arriva à Paris le 6e de mai de l'an 1562 et fut inhumé aux Célestins dans la Chapelle des Dix Martyrs. Paul de La Barthe mourut sans enfants de Marguerite de Salùces-Cardé sa femme et institua comme héritier Messire Roger de Saint-Lary, seigneur de Bellegarde son neveu.

Monsieur de Thou en son histoire nous dit que « *Le Maréchal de Thermes, était un homme de bien et un sage capitaine, aussi illustre dans la paix que dans la guerre et plus soucieux de défendre l'honneur de son Roy et de sa patrie, que d'amasser des richesses.*

## BRANCHE DES SEIGNEURS

# DE MONDEAU ET DE LA MAZÈRE

(ISSUE DE LA BRANCHE AINÉE)

# BRANCHE

## Des Seigneurs de Mondeau et de la Mazère

(ISSUE DE LA BRANCHE AINÉE. *Voir page 12*)

---

Pr. 51 XXX. ODET DE LA BARTHE Chevalier co-seigneur de Lassegan, (2ᵉ *fils de Philippe de La Barthe IIᵉ du nom, et de Demoiselle Marthe de Murviel sa 1ʳᵉ femme*) fit avec ses frères le 19ᵉ d'avril de l'an 1637 le partage des biens qui lui venaient de son père. Odet de La Barthe avait épousé par contrat du 2ᵉ jour d'avril de l'an 1636 la noble Demoiselle Marguerite Renée de Biran fille de Messire Barthelemy Scipion de Biran Chevalier Seigneur de Casteljaloux et de noble Demoiselle Louise de Magnaut de Montagut.

Odet de La Barthe testa le 20ᵉ de juillet de l'an 1665, et mourut peu après laissant :

1° Pierre de La Barthe.
2° Guillaume de La Barthe qui suit :

Pr. 1 à 10 XXXI. GUILLAUME DE LA BARTHE Chevalier, qui eut pour apanage la seigneurie de Mondeau, par donation qui lui en fut faite par la Dame de Biran sa mère, le 21ᵉ de février de l'an 1677. Il eut acte de la représentation de ses titres de noblesse conjointement avec les seigneurs de la Hague, de la Forgues et de Lassegan ses parents, devant Mᵉ Pellot Intendant de Guyenne le 31ᵉ de Juillet de l'an 1667 et devant Mʳᵉ Le Gendre le 18ᵉ de février de l'an 1700.

Guillaume de La Barthe épousa le 13ᵉ de septembre 1689 la Demoiselle Louise Duffour fille de Messire Arnaud Duffour Seigneur de Loran et de Demoiselle Jeanne de La Mazère.

Guillaume de La Barthe testa le 13ᵉ Jour d'août de l'an 1702 et mourut peu après ne laissant qu'un fils :

Pr. 1 à 10 XXXII. FRANÇOIS DE LA BARTHE, Chevalier, Comte de Mondeau et d'Arrogues en Armagnac Seigneur de Mondeau, d'Arrogues et de la Mazère qui épousa par contrat du 7ᵉ de février de l'an 1717 la noble Demoiselle Marie Anne de Saint Lary de Bellegarde fille de Messire Antoine de Saint Lary de Bellegarde, Maréchal de France et de Demoiselle Christine de Lasseran.

François de La Barthe laissa de son mariage :

1° Antoine de La Barthe qui suit :
2° Jean Baptiste de La Barthe qui mourut lieutenant de dragons au service de l'Espagne.
3° Henry de La Barthe qui fut cornette au régiment Dauphin (Cavalerie).
4° François Louis, qui fut chantre et chanoine, puis grand'vicaire de Sarlat.
5° Françoise de La Barthe qui épousa par contrat du 14e de février de l'an 1750 Messire Paul François Comte de Vendômois, capitaine au régiment de Fleury (Cavalerie) et Chevalier de Saint Louis.

XXXIII. ANTOINE DE LA BARTHE baron de La Mazère en Armagnac, Seigneur d'Izotges, d'Arparens, de Laubade et de Vieil Capet, Chevalier de l'ordre royal et militaire de Saint Louis, épousa par contrat du 12e de Janvier 1750 Messire Claude de Brethon fille de Messire Léon de Brethon Seigneur et baron de Cap Brethon et de Labenne et de Demoiselle Jeanne Picot.

Antoine de La Barthe laissa de son mariage :

1° François Louis de La Barthe né le 13e de septembre de l'an 1756.
2° Marie Anne Jeanne Louise de La Barthe née le 7e de septembre de l'an 1760.

# BRANCHE

DES

# SEIGNEURS DE BRASSAC

(ISSUE DE LA BRANCHE AINÉE)

# BRANCHE

## Des Seigneurs de Brassac

(ISSUE DE LA BRANCHE AINÉE. (*Voir page 12*

---

Pr. 52 Pr. 56 XXX. JEAN FRANÇOIS DE LA BARTHE, Seigneur de Campaigne et co Seigneur de la Maguère (*quatrième fils de Philippe de la Barthe IIe du nom, Seigneur de Lassegan et de Demoiselle Guilheaume Julienne de Carbonneau sa femme*) ; fut gouverneur de Son Altesse le Duc d'Epernon.

Jean François de La Barthe passa une transaction avec Gabriel de La Barthe son frère, le 22e de Décembre de l'an 1642, au sujet de la succession de leur père et mère.

Jean François de La Barthe avait épousé par contrat du 8e d'Avril de l'an 1629 la noble Demoiselle Jeanne de Sabolles fille de Messire Bernard de Sabolles et de Demoiselle ANDRÉE D'ISSOUDUN.

Jean François de La Barthe laissa de ce mariage :

Pr. 54 Pr. 56 1° Bernard de La Barthe Seigneur de Rochebrune, qui fut institué héritier de sa grand'mère Demoiselle Guilheaume Julienne de Carbonneau le 14e de Septembre de l'an 1652.

2° Philippe de La Barthe qui suit :

Pr. 54 Pr. 56 3° Anne Louise de La Barthe qui fut instituée héritière de sa grand'mère Demoiselle Guilheaume Julienne de Carbonneau le 14e de septembre de l'an 1652.

Anne Louise de La Barthe épousa noble Jean Jacques de Belleforest Sieur d'Engaye.

Pr. 54 Pr. 56 4° Odet Honoré de La Barthe Sieur de St-Michel qui fut institué héritier de sa grand'mère Demoiselle Guilheaume Julienne de Carbonneau.

Pr. 54 Pr. 56 5° Louise de La Barthe citée dans le testament de sa grand'mère Demoiselle Guilheaume Julienne de Carbonneau le 14e de Septembre de l'an 1652.

Pr. 54 Pr. 56 6° Marie de La Barthe citée dans le testament de sa grand'mère Demoiselle Guilheaume Julienne de Carbonneau.

Pr. 58 Pr. 54 Pr. 55 Pr. 56 XXXI. PHILIPPE DE LA BARTHE IIIe du nom, Seigneur de Brassac épousa par contrat du 6e de Septembre de l'an 1660 noble Demoiselle Gabrielle de La Planie fille de feu Messire Antoine de La Planie, Seigneur de Vivie, de La Salle, du Plenat et de Puymartin et de noble Dame de Guilhemine de Monvalat. Il fut institué héritier de sa grand' mère Demoiselle Guilheaume Julienne de Carbonneau par testament du 14e de Septembre de l'an 1652.

Philippe de La Barthe laissa de Gabrielle de La Planie sa femme:

Pr. 55 Pr. 57 Pr. 58 XXXII. JEAN DE LA BARTHE, Sieur de l'Isle née le 20e d'avril de l'an 1671 qui eut pour parrain, noble Jean de La Planie, Chevalier Seigneur de Puymartin.

Nous ignorons la postérité de Jean de La Barthe.

BRANCHE

DES

# SEIGNEURS DU COULOMÉ

(ISSUE DE LA BRANCHE AINÉE)

# BRANCHE

## Des Seigneurs du Coulomé

(ISSUE DE LA BRANCHE AINÉE. *Voir page 12*)

---

Pr. 27 Pr. 29 Pr. 59 Pr. 60 Pr. 65 Pr. 81 XXXI. FRANÇOIS DE LA BARTHE, Sieur de Horgues, et de La Maguère né le 18e d'avril de l'an 1635, (2e *fils de Gabriel de La Barthe 1er du nom, Seigneur de La Maguère et de Montpezat et de noble Demoiselle Françoise d'Esparbez de Lussan*,) épousa par contrat du 29e d'octobre de l'an 1664 la noble Demoiselle Henrye de Fleurian, Dame de Marsaillan et du Coulomé qui apporta en dot la terre du Coulomé. François de La Barthe passa une transaction avec Philippe de La Barthe IIIe du nom, son frère au sujet de la succession de leur père.

François de La Barthe laissa de Demoiselle Henrye de Fleurian sa femme :

1° Philippe de La Barthe qui suit :
2° Henry César de La Barthe du Coulomé (dit *de Barbe*) Seigneur de la Maguère né vers 1666 épousa l'an 1709 la noble Demoiselle Marie de Vivie de Régie fille de Messire Pierre de Vivie Seigneur de Régie et de Demoiselle Elizabeth de Ricotier.

Pr. 29 Pr. 61 Pr. 62 Pr. 63 Pr. 65 Pr. 66 Pr. 67 Pr. 81 XXXII. PHILIPPE DE LA BARTHE IVe du nom, Seigneur du Coulomé et de Marseillan né le 27e de septembre de l'an 1665, eut pour parrain Messire Philippe de La Barthe son oncle et pour marraine la noble Demoiselle Catherine de Geneste sa tante, femme dudit Philippe de La Barthe Ecuyer.

Philippe de La Barthe épousa par contrat du 19e de septembre de l'an 1692, la noble Demoiselle Bernarde de Laval, fille de Messire François de Laval, Conseiller au Présidial d'Auch et de Demoiselle Claire de Laval.

Philippe de La Barthe fut maintenu dans sa noblesse avec sa femme Demoiselle Bernarde de Laval, le 15e de may de l'an 1700 par devant M. Le Gendre sieur de Lormoy, Intendant de la généralité de Montauban.

Philippe de La Barthe laissa de Demoiselle Bernarde de Laval sa femme :

Pr. 29 Pr. 64 XXXIII. FRANÇOIS DE LA BARTHE Seigneur du Coulomé et
Pr. 68 Pr. 69 de Marsaillan naquit à Auch le 21e de mars de l'an 1696 fut baptisé ledit
Pr. 72 jour et eut pour parrain Messire François de La Barthe son grand père.
Pr. 74 Pr. 81 François de La Barthe épousa par contrat du 3e de mars de l an 1718 la noble Demoiselle Marie Dessolles fille de Messire Joseph Dessolles Conseiller au Présidial d'Auch, et de noble Demoiselle Marguerite de La Croix.

François de La Barthe laissa de ce mariage :

1° François Léonard de La Barthe qui suit :
Pr. 71 2° Marc Antoine de La Barthe qui fut Lieutenant au Régiment de Noailles
Pr. 74 (*Cavalerie*) naquit le 15e d'avril de l'an 1730 ; épousa par contrat du 5e
Pr. 77 de décembre de l'an 1761, la noble Demoiselle Thérèse de Labaume
Pr. 78 fille de Messire Joseph Ignace de Labaume, ancien conseiller au par-
Pr. 79 Pr. 80 lement de Toulouse et de Demoiselle Françoise Perrin.

Marc Antoine laissa de ce mariage :

Pr. 78 *Jean Joseph Ignace de La Barthe né à Auch le 13e d'avril de l'an*
Pr. 80 *1766.*

Pr. 81 Pr. 29 XXXIV. FRANÇOIS LÉONARD DE LA BARTHE Chevalier
Pr. 70 Pr. 72 Seigneur du Coulomé, qui fut Capitaine au régiment de Médoc (*Infante-*
Pr. 73 Pr. 76 *rie*) Chevalier de l'ordre royal et militaire de Saint Louis, né le 14e de
Pr. 81 may de l'an 1722.

François Léonard de La Barthe épousa par contrat du 26e de Décembre de l'an 1760, la noble Demoiselle Anne de Roques, fille de Messire Jean de Roques et de noble Demoiselle Jaquette du Pont son épouse.

François Léonard de La Barthe laissa de son mariage :

Pr. 81 1° Jean-François Marie de La Barthe qui suit :
Pr. 75 2° Léonard Jean de La Barthe né le 5e de Novembre de l'an 1764.

Pr. 29 XXXV. JEAN FRANÇOIS MARIE DE LA BARTHE qui prit
Pr. 75 le titre de Marquis de La Barthe, naquit à Garriès diocèse de Montauban le 23e de Juillet de l'an 1763.

Jean François Marie de La Barthe épousa par contrat du 6e de mai de l'an 1786 la noble Demoiselle Thérèse Scholastique de Benqueria de Pavie de Fouquevaux, dont il eut :

1° Louis Joseph Ferdinand Adolphe de La Barthe qui suit :
2° Jean François Léonard Alphonse de La Barthe.

Pr. 1 à 10 Pr. 29 XXXVI. LOUIS JOSEPH FERDINAND ADOLPHE DE LA
Pr. 75 BARTHE *dit de Thermes*, en souvenir de son parent le Maréchal de Thermes Maréchal de France mort en l'an 1562.

Il épousa le 27 Juillet 1827 Mademoiselle Joséphine d'Otrante et en a eu :

1° Paul Marie Armand de La Barthe de Thermes qui suit :
2° Marie Armandine Ernestine Isabelle de La Barthe née à Paris le 24 décembre 1831.

XXXVII. PAUL MARIE ARMAND DE LA BARTHE DE THERMES né à Paris le 14 juin 1828.

BRANCHE

# DES SEIGNEURS DU PLANTIER

(ISSUE DE LA BRANCHE AINÉE)

# BRANCHE

## Des Seigneurs du Plantier

ISSUE DE LA BRANCHE AINÉE. *(Voir page 13)*

---

Pr. 1 à 10 XXXII° JACOB DE LA BARTHE (*dit : Barbe*) Sieur du Plantier né l'an 1676 ; (*3e fils de Philippe de La Barthe IIIe du nom et de Demoiselle Catherine de Geneste sa femme*) fut juge royal à la Sauvetat de Caumont.

Jacob de La Barthe Sieur du Plantier épousa la Demoiselle Marie Pinaut et mourut (*dans l'erreur de Calvin*) âgé de 58 ans, à la Sauvetat de Caumont.

Jacob de La Barthe laissa de Demoiselle Marie Pinaut :

1° Isabeau de Barbe née à la Sauvetat de Caumont le 14e de mai 1711 et fut baptisée le 17e du même mois ; elle eut pour parrain Messire Pierre de Barbe et pour marraine Demoiselle Jeanne de Barbe.

2° Catherine de Barbe qui naquit à la Sauvetat de Caumont le 25e jour du mois de mars de l'an 1713 et fut baptisée le 30e jour du même mois ; elle eut pour parrain Messire Jean de Nostal, de la paroisse de Puymiclan et pour marraine Demoiselle Catherine de Barbe, sa tante de la paroisse de Monclar en Perigord.
Catherine de Barbe épousa à la Sauvetat de Caumont le 4e de Février de l'an 1750 Messire Mathieu de Boisvert fils de Pierre de Boisvert et de Demoiselle Jeanne Bréjon.

3° Jacques de Barbe qui suit :

Pr. 1 à 10 XXXIII° JACQUES DE BARBE, Seigneur du Plantier qui naquit vers l'an 1720 et épousa la Demoiselle Jeanne Rigal dont il laissa :

Pr. 1 à 10 XXXIV° JEAN DE BARBE Seigneur du Plantier qui naquit à la Sauvetat de Caumont le 18e de février de l'an 1750 et eut pour parrain Messire Bernard de Barbe et pour marraine Demoiselle Henriette de Barbe de Sommersat.

BRANCHE

# DES SEIGNEURS DE MONTLAU

(ISSUE DE LA BRANCHE AINÉE)

# BRANCHE

## Des Seigneurs de Montlau

ISSUE DE LA BRANCHE AINÉE. (*Voir page 14*)

---

Pr. 82
Pr. 83
Pr. 92
XXXIII° PIERRE JEAN BAPTISTE SYLVAIN DE BARBE DE LA BARTHE, Sieur de Montlau (*2e fils de Sylvain de Barbe de la La Barthe et de Demoiselle Marguerite Queyssat ou Queyssac sa femme*), fut avocat puis Conseiller au Parlement de Bordeaux.

Pierre Jean Baptiste Sylvain de Barbe de La Barthe épousa par contrat du 28e de Septembre de l'an 1743, la noble Demoiselle Marie de Queyssat et mourut le 11e de Septembre de l'an 1782 laissant :

1° Jean Sylvain de Barbe de La Barthe qui suit :
2° Marie de Barbe de La Barthe qui naquit l'an 1748.

XXXIV° JEAN SYLVAIN DE BARBE DE LA BARTHE, Seigneur de Montlau, Conseiller à la Cour des Aydes de Bordeaux, né le 18e de mars de l'an1746.

Jean Sylvain de Barbe de La Barthe épousa la Demoiselle Bonneau de Montauzier, fille de Messire Alexandre Bonneau de Montauzier Seigneur de Madaillan, capitaine au régiment de Bourbonnais.

Jean Sylvain de Barbe de La Barthe mourut à Cursan (*Gironde*) le 5 avril 1837 laissant de son mariage :

1° Jean François de Barbe de La Barthe qui suit :
Pr 85 2° Dominique Jacques de Barbe de La Bartho né à St Magne (*Gironde*) le 4e de juin de l'an 1782.
Pr. 86 3° Jeanne Marie de Barbe de La Barthe née à St Magne (*Gironde*) le 1er de May 1783 ; épousa le 9 mai 1810 Jean Baptiste de la Motte Varicourt qui mourut le 20 avril 1847.
Pr. 87
Pr. 88
4° Louis Jean Jacques de Barbe de La Barthe, né à St Magne (*Gironde*) le 9e de Décembre 1784.
Il épousa Mademoiselle Marguerite Amable de Fontenelle, qui était née à St Magne (*Gironde*) le 22 novembre 1795 et qui mourut à St Cloud (*Seine et Oise*) le 12 mai 1886.
Pr. 89 5° Suzanne de Barbe de La Barthe née à St-Magne (*Gironde*) le 5e de décembre de l'an 1787, épousa le 27 mai 1809 Antoine de Barbe de La Barthe St-Loubert, son cousin.
Pr. 91 6° Louis Jean Sylvain de Barbe de La Barthe né à St-Magne (*Gironde*) le 12 mars 1789.

Pr. 84 XXXV. JEAN FRANÇOIS DE BARBE DE LA BARTHE né à St-Magne (*Gironde*) le 21e de juillet de l'an 1780 et mort au Pré-Gervais fort avancé en âge.

Jean François de Barbe de La Barthe avait épousé à St-Jean-d'Angély la Demoiselle N.... dont il laissa :

XXXVI. FERDINAND URALÈS DE BARBE DE LA BARTHE qui épousa à St-Jean d'Angely Mademoiselle Chabeauty dont il laissa :

1° Emile Uralès de Barbe de La Barthe qui épousa Mademoiselle Marguerite Baillif dont il eut :
*Antoinette de Barbe de La Barthe.*
2° Raoul Uralès de Barbe de La Barthe qui suit :
3° René Uralès de Barbe de La Barthe.

XXXVII. RAOUL URALÈS DE BARBE DE LA BARTHE qui a épousé Mademoiselle Christen dont il a :

1° Jean Uralès de Barbe de La Barthe né à Sedan le 14 février 1892.
2° Eliane Marie de Barbe de La Barthe née à Sedan le 19 septembre 1895.
3° Odette Hélène de Barbe de La Barthe née à Sedan le 23 novembre 1896.
4° Sabine Antoinette de Barbe de La Barthe née à Verdun en janvier 1898.

## BRANCHE DES SEIGNEURS

# DE L'ARTIGOLLE

(ISSUE DE CELLE DES SEIGNEURS D'ARNÉ ET DE MONTCORNEIL)

# BRANCHE

## Des Seigneurs de L'Artigolle

ISSUE DE CELLE DES SEIGNEURS D'ARNÉ ET DE MONTCORNEIL. (*Voir page 31*)

---

Pr. 1 à 10 XXVI. PIERRE DE LA BARTHE, (*3e fils d'Arnaud Guilhem de La Barthe IIIe du nom, Chevalier, Seigneur d'Arné et de Montcorneil et de noble Demoiselle Mondine de Léaumont sa femme*) passa quittance pour sa légitime à Jean de La Barthe IIIe du nom son frère aîné le 4e d'octobre de l'an 1526 ; il employa la somme qu'il reçut de son frère, à l'achat de la terre de l'Artigolles.

Pierre de La Barthe épousa avant l'an 1547, la noble Demoiselle Beatrix de Roux, fille de Guillaume de Roux seigneur de Gréville, lequel s'obligea à payer audit Pierre de La Barthe une somme de 300 livres restant de la dot de sa femme, par un acte en date du 5e de février de l'an 1547.

Pierre de La Barthe laissa de Demoiselle Béatrix de Roux sa femme :

1° Bernard de La Barthe qui suit:
2° Marguerite de La Barthe, qui épousa par contrat du 25e d'août de l'an 1564 Messire Jean de Ville.

Pr. 1 à 10 XXVII. BERNARD DE LA BARTHE, Chevalier, Seigneur de l'Artigolle qui épousa par contrat du 9e d'avril de l'an 1553 la noble Demoiselle Françoise de Cardaillac avec laquelle il fit le 13e d'avril de l'an 1563, l'acquisition d'une terre. Laditte Demoiselle Françoise de Cardaillac était veuve le 25e d'août de l'an 1564 ainsi qu'il appert du contrat de mariage de Marguerite de La Barthe sa belle-sœur.

Bernard de la Barthe laissa de noble Françoise de Cardaillac sa femme :

1° Odet de La Barthe qui suit :
2° Françoise de La Barthe.
3° Marguerite de La Barthe religieuse.

XXVIII. ODET DE LA BARTHE, Chevalier Seigneur de l'Artigolle qui épousa par contrat du 2e d'octobre de l'an 1576 la noble Demoiselle Catherine de Soubiette de Singla, dont il eut :

Pr. 1 à 10 XXIX. PHILIPPE DE LA BARTHE, Chevalier, Seigneur de l'Artigolle, Maréchal des Logis de la Compagnie des Gendarmes du duc d'Epernon, épousa par contrat du 4e de Juin de l'an 1624 noble Demoiselle Catherine de Goutz dont il laissa :

Pr. 1 à 10 XXX. JEAN DE LA BARTHE, Chevalier, Seigneur de l'Artigolle, Maréchal des Logis des gendarmes du duc d'Epernon, ainsi qu'il appert d'une Lettre que ledit duc d'Epernon lui adressa le 14e de mars de l'an 1650. Il est qualifié de Lieutenant du même régiment dans un passeport du 16e de novembre de l'an 1658.

Jean de La Barthe épousa par contrat du 29e de mai de l'an 1663 la noble Demoiselle Calixte de Cazaux fille de noble Gérard de Cazaux.

Jean de La Barthe eut acte de la représentation de ses titres de noblesse devant Me Pellot intendant de Guyenne le 1er de Juin de l'an 1667.

Jean de La Barthe ne laissa qu'une fille :

Calixte de La Barthe dame de l'Artigolle née l'an 1667, dont on ignore l'alliance et la descendance.

# BRANCHE

DES

# SEIGNEURS DE MONTIGNAC

(ISSUE DE CELLE DES SEIGNEURS DE GISCARO)

# BRANCHE

## Des Seigneurs de Montignac

ISSUE DE CELLE DES SEIGNEURS DE GISCARO. (*Voir page 38*)

---

Pr. 50 XXIX. GABRIEL DE LA BARTHE Ier du nom (*6e fils de Paul de La Barthe Seigneur de Giscaro et de noble Marie d'Armantieu de La Palu*), épousa par contrat du 31e de mars de l'an 1566 la noble Demoiselle Marie de Villepinte fille et unique héritière de noble N.... de Villepinte Seigneur de Montignac. Laditte Demoiselle de Villepinte apporta en dot la terre de Montignac.

Gabriel de La Barthe vivait encore lors du 1er mariage de son fils, Gabriel le 7e de Décembre de l'an 1597. Il mourut laissant :

1° Paul de La Barthe qui eut le 8e de mars de l'an 1614 une renonciation d ses frères cadets Gabriel et François de La Barthe. Paul de La Barthe mourut sans alliance et institua son frère Gabriel de La Barthe héritier universel.

2° Gabriel de La Barthe qui suit :

3° François de La Barthe qui fit le 8e de mars de l'an 1614 conjointement avec Gabriel son frère, une renonciation en faveur de Paul de La Barthe leur frère aîné alors vivant. François de La Barthe avait épousé par contrat du 13e d'août de l'an 1610 la noble demoiselle N.... de Foiserie dont il eut :

*Sébastien de La Barthe, Chevalier, co-seigneur de Giscaro, qui eut acte de la représentation de ses titres de noblesse devant le sieur Lartigue subdélégué de Me Pellot, intendant en Guyenne le 1er de juin de l'an 1667. Il avait épousé le 17e de février de l'an 1657, la noble Demoiselle Anne d'Abadie. La postérité de Sébastien de La Barthe est inconnue.*

Pr. 50 XXX. GABRIEL DE LA BARTHE IIe du nom, Chevalier, qui hérita après la mort de son frère aîné, Paul de La Barthe, de la terre et seigneurerie de Montignac ; avait renoncé conjointement avec son frère François à une partie de sa légitime, par acte passé le 8e de mars de l'an 1614.

Gabriel de La Barthe, épousa en premières noces, par contrat 7e de Décembre de l'an 1597, la noble Demoiselle Astruge de Caussade dont il n'eut pas d'enfants ; et en deuxièmes noces par contrat du 21e de Novembre de l'an 1615 noble Demoiselle Bernarde de Claverie dont il eut :

XXXI. JACQUES DE LA BARTHE, Chevalier, Seigneur de Montignac, qui fut baptisé le 21ᵉ de mai de l'an 1623 et eut acte de la représentation de ses titres de noblesse devant le sieur de Lartigue, subdélégué de Mᵉ Pellot intendant de Guyenne l'an 1667. La posterité de Jacques de La Barthe estinconnue.

# BRANCHE

DES

# SEIGNEURS DE VALENTINE

(ISSUE DE CELLE DES SEIGNEURS DE GISCARO)

# BRANCHE

## Des Seigneurs de Valentine

ISSUE DE CELLE DES SEIGNEURS DE GISCARO. (*Voir page 38*)

---

Pr. 1 10 XXIX. JACQUES DE LA BARTHE, Chevalier (7e *fils de Paul de La Barthe, Chevalier, Seigneur de Giscaro et de noble Demoiselle Marie d'Armantieu de La Palu sa femme*), fut institué héritier par Messire Jacques de Bazordan, abbé du Mas Grenier, frère de Simon de Bazordan, chevalier de l'ordre du Roi et petit fils de Paule de La Barthe, sœur du Maréchal de Thermes.

Jacques de La Barthe épousa en premières noces par contrat passé à Valentine le 30e d'avril de l'an 1570 la noble Demoiselle Gratiane Marie de Gabarret, héritière et Dame du Sol et de Tarasté ; et en deuxièmes noces, il épousa noble Demoiselle d'Ustou dont il n'eut pas d'enfants.

Jacques de la Barthe testa le 12e de Novembre de l'an 1609 et mourut peu après laissant de Demoiselle Gratiane Marie de Gabarret :

1° Antoine de La Barthe qui suit :
2° N... de La Barthe tué au service de France.
3° Jacques de La Barthe mort gendarme du Roi.
4° Catherine de La Barthe qui épousa noble Jean de Croso, seigneur de Monti.

Pr. 1 à 10 XXX. ANTOINE DE LA BARTHE Ier du nom, Seigneur de Valentine, du Sol et de Tarasté, épousa par contrat du 12e d'octobre de l'an 1596 la noble Marguerite d'Ustou fille de Messire Frise Seigneur d'Ustou et de Montgaillard, et nièce de la seconde femme de son père. Il épousa en deuxièmes noces noble Demoiselle de Binos de Gourdan dont il n'eut pas d'enfants.

Antoine de La Barthe testa le 14e d'août de l'an 1631 et mourut peu après laissant de noble Marguerite d'Ustou sa première femme :

1° Louis de La Barthe qui suit :
Pr. 10 2° François de La Barthe qui fut chanoine d'Auch et prêtre de Poitiers.
3° Jean de La Barthe auteur de la branche des seigneurs de Caseaux et de Gimont. (*Rapportée ci après.*)
4° Guillaume de La Barthe qui fut curé de Valentine.

5° 6° et 7° N... N... et N... de La Barthe, trois filles dont on ignore les alliances.

Pr. 1 à 10 XXXI. LOUIS DE LA BARTHE Ier du nom, Chevalier Seigneur de Valentine, du Sol et de Tarasté, qui acheta par contrat passé à Tarbes le 23e d'avril de l'an 1656 la terre de Montignac en Bigorre. Il eut acte de la représentation de ses titres par devant le sieur de Lartigue, subdélégué de Me Pellot intendant de Guyenne.

Louis de La Barthe épousa en première noces, par contrat du 18e d'avril de l'an 1623 la noble Demoiselle Agnès de Benque, fille de Messire Philippe de Benque, Chevalier, seigneur de Maran et de La Grange, et de noble Demoiselle Françoise de Bajourdan sa femme.

Louis de La Barthe épousa en secondes noces la noble Demoiselle Aubriette de Binos de Gourdan.

Louis de La Barthe mourut laissant :

Du premier lit :

1° Antoine de La Barthe qui suit :
2° Blaise de La Barthe, qui mourut jeune.
3° Agnès de La Barthe qui épousa Messire Jacques de Lort, Seigneur de Montramée.
4° Philippine de La Barthe qui épousa Messire Louis de Potton, Chevalier seigneur de Cornac.

Du second lit :

5° Jeanne de La Barthe qui épousa par contrat du 16e de janvier de l'an 1663 par devant Maître Laffargue notaire à Villeneuve de Rivière, Messire Louis de Cardaillac, seigneur de Mauvesin et de La Goutte *(Armorial Français Année 1892 Page 246).* Il vint de ce mariage, une fille Catherine de Cardaillac, Dame de Mauvesin et de La Goutte, qui étant la seule héritière des Cardaillac de Mauvesin, porta toutes ses terres dans la Maison de Castelbajac, par son mariage avec Messire Bernard de Castelbajac, Marquis de Castelbajac et de Montastruc.

XXXII. ANTOINE DE LA BARTHE IIe du nom, Chevalier, Seigneur de Valentine, de Bordes, du Sol, de Montignac et de Tarasté, qui épousa par contrat du 1er de mai de l'an 1656, noble Demoiselle Georgette de La Mothe, fille de Messire Augier de La Mothe, Seigneur d'Issaut et de noble Marguerite Isabeau de Rochechouart.

Antoine de La Barthe laissa de ce mariage :

1° Louis de La Barthe qui suit :
2° Jean de La Barthe qui fut capitaine au régiment de Médoc.
3° Alexandre de La Barthe.

XXXIII. LOUIS DE LA BARTHE IIe du nom; Chevalier Seigneur de Valentine, de Bordes, du Sol, de Montignac et de Tarasté, qui eut acte de la représentation de ses titres de noblesse et fut maintenu par Jugement de M. de Lamoignon intendant de Languedoc.

Louis de La Barthe épousa par contrat du 29e de juillet de l'an 1680 la noble Demoiselle Françoise de Meritens de Rosès, fille de Messire Louis de Meritens, chevalier seigneur de Rosès et de noble Demoiselle Marguerite de Vatou.

Louis de La Barthe laissa de son mariage :

XXXIV. LOUIS DE LA BARTHE IIIe du nom, Chevalier, Seigneur de Valentine, de Bordes, du Sol, de Montignac et de Tarasté, qui épousa par contrat du 29e de juillet de l'an 1713 noble Demoiselle Catherine de La Forgues de Sainctot fille de Messire Jean de La Forgues, Chevalier Seigneur de Sainctot et de noble Marie Anne de Sainctot sa femme.

Louis de La Barthe laissa de noble Catherine de La Forgues sa femme :

Pr. 10 1° Louis de La Barthe qui fut chanoine.
2e Joseph de La Barthe qui suit :
3e Jean Maurice de La Barthe, Chevalier, capitaine de l'Infanterie du Roi.
Pr. 10 4e François de La Barthe qui fut Bachelier en Sorbonne et Chanoine de Gaudens.
5e 6e et 7e Trois garçons morts en bas âge.
8e 9e 10e et 11e Quatre filles non mariées.
Pr. 10 12e N... de La Barthe religieuse à Fontgraves.

XXXV. JOSEPH DE LA BARTHE Ier du nom, Seigneur de Valentine, de Bordes, de Montignac, du Sol et de Tarasté qui épousa par contrat du mois de Février de l'an 1745 la noble Demoiselle Marguerite de la Hitte dont il eut :

1° Joseph de La Barthe qui suit :
2° Calixte de La Barthe chevalier qui fut sous lieutenant au régiment d'Aquitaine (*Infanterie*).
3° Marie de La Barthe.
4° Elisabeth de La Barthe.
Pr. 10 5° Marie Louise de La Barthe religieuse de Simorre.

XXVI. JOSEPH DE LA BARTHE IIe du nom, Chevalier, qui fut lieutenant au régiment d'Aquitaine (*Infanterie*), fut tué pendant la Terreur avec son fils unique.

BRANCHE

# DES SEIGNEURS DE CAZEAUX ET DE GIMONT

(ISSUE DE CELLE DES SEIGNEURS DE VALENTINE)

# BRANCHE

## Des Seigneurs de Cazeaux et de Gimont

ISSUE DE LA BRANCHE DES SEIGNEURS DE VALENTINE. (*Voir page 77*)

---

XXXI. JEAN DE LA BARTHE, Chevalier (*3e fils d'Antoine de*
Pr. 4 Pr. 5 *La Barthe Ier du nom, Chevalier, Seigneur de Valentine de Bordes, de*
Pr. 6 *Montignac et de Tarasté, et de noble Demoiselle Marguerite d'Ustou, sa première femme*), Maréchal des Logis des Mousquetaires de la Garde ordinaire du Roi avant l'an 1637 ; fut Capitaine au régiment de Picardie (*Infanterie*) en 1639 et depuis gouverneur d'Auch. Il avait été présent au siège de Montauban en 1621. Jean de La Barthe, épousa par contrat passé par devant Me de Cusson, notaire royal de Castelnau et de Barberen le 6e de juillet de l'an 1642, la noble Demoiselle Catherine d'Orbessan, fille de noble François d'Orbessan et de Demoiselle Jeanne de Gout, Dame de Cazeaux. Ladite Demoiselle d'Orbessan apportait en dot la terre de Cazeaux qui lui venait de sa mère. Jean de La Barthe laissa de ce mariage :

1° Antoine de La Barthe qui suit :
2° Philippe de La Barthe, Chevalier qui fut Capitaine de la marine royale (*Infanterie.*)

Pr. 4 XXXII. ANTOINE DE LA BARTHE, Chevalier, Seigneur de
Pr. 5 Pr. 6 Cazeaux, servit d'abord en Catalogne, en qualité de Lieutenant au régiment de la marine royale (*Infanterie*), puis en 1673, Antoine de La Barthe était capitaine au même régiment. Il est cité en 1674 lors de la convocation du ban de la noblesse, comme servant sous les ordres du Maréchal d'Albret. Antoine de La Barthe fut blessé au col et au bras, en montant à l'assaut au siège de Bellegarde en 1675 et il est qualifié de Marquis de Cazeaux dans le Brevet que le Roi, lui donna cette même année, pour aller prendre les Eaux de Barèges et s'y remettre de ses blessures.

L'an 1690, la guerre s'étant rallumée, Antoine de La Barthe fut détaché avec cent hommes d'armes pour patrouiller autour de Bergues ;

cette commission dont il s'aquitta avec honneur, lui valut au mois de mars de la même année, le commandement et l'inspection des ports et r edoutes du retranchement d'Hondschoote, depuis la Môcre jusqu'à la Sinhl. En 1691, il eut la même inspection sur les lignes d'Hondschoote et postes en dépendant jusqu'à l'abbaye d'Ivertam.

Antoine de la Barthe passa ensuite en Sicile avec son régiment où il s'acquit une si grande réputation qu'il fut nommé en 1692, commandant de La Brongue par Mr de Mornas. Obligé d'évacuer cette place; il fit toutes les autres campagnes avec le même régiment, fut commandant de la ligne sur le canal de Loo en 1694 où il servit pendant 18 mois. En 1695, il fut fait Sergent-Major du régiment de La Mothe, puis licencié avec ce régiment en 1698. Nommé cette même année en qualité de capitaine dans le régiment du Limousin où il servit jusqu'à sa mort, Antoine de la Barthe avait servi en tout cinquante ans, il avait épousé par contrat passé par devant Me Passalaigne, notaire royal à Agen, le 9e de juin de l'an 1668, la noble Demoiselle Françoise d'Hugues, demoiselle de compagnie de la Reine, fille de noble Jean d'Hugues, chevalier, gentilhomme ordinaire de la Chambre du Roi, capitaine et major du régiment d'Estissac, commandant de la ville de Bergerac, et gouverneur de Casteviel et de noble Demoiselle Marguerite de Vergoussane, Dame du Paradou, Dame d'honneur de la Reine Anne d'Autriche. Antoine de La Barthe mourut, laissant de noble Demoiselle, d'Hugues sa femme :

1° Philippe de La Barthe qui suit :
2° Antoine de La Barthe qui fut capitaine au régiment d'Estissac ;
Pr. 10 3° Françoise de La Barthe religieuse.

Pr. 4 Pr. 5 Pr. 6 XXXIII. PHILIPPE DE LA BARTHE, Chevalier, Seigneur de Cazeaux et co-seigneur d'Arné, fut lieutenant en 1670, au régiment Dauphin, et épousa par contrat passé par devant Me Maumus, notaire royal à l'Isle Jourdain le 26e de juillet de l'an 1693, la noble Demoiselle Jeanne de Belleforest, fille de noble Jean Jacques de Belleforest, Chevalier, Seigneur d'Engaye et de noble Demoiselle Anne Louise de La Barthe, Dame de Campaigne et de la Maguère, de la branche de Lassegan.

Philippe François de La Barthe testa le 22e de février de l'an 1713 et mourut peu après laissant de Demoiselle Jeanne de Belleforest, sa femme :

1° Louis de La Barthe qui mourut jeune.
2° Philippe de La Barthe qui, n'ayant pas eu d'enfants de sa femme dont on ignore le nom, disposa des biens que son père lui avait laissés par son testament du 22e de février de l'an 1713, en faveur de Jean Bernard de La Barthe, son frère cadet ;
3° Jean Bernard de La Barthe qui suit ;
4° Bernard de La Barthe qui ne laissa que trois filles.

Pr. 4 XXXIV. JEAN BERNARD DE LA BARTHE, Chevalier, Seigneur

de Cazeaux, co-seigneur d'Arné et autres lieux, Lieutenant au Régiment
Pr. 5 de Médoc, épousa par contrat passé par devant Me Jean Ducasse, notaire
Pr. 6 royal à Tournai en Bigorre, le 17e de juin de l'an 1733, la noble Demoiselle Marie Anne d'Angos de Boncarrès, fille de noble Jean François d'Angos Seigneur de Luc, de Bourg Espielh et autres lieux et de noble Demoiselle Marie de Gironde, Dame de Castelsacrat.

Jean Bernard de La Barthe, laissa de Demoiselle Marie Anne d'Angos sa femme :

1° Jean François de La Barthe Chevalier, Seigneur de Cazeaux, co-seigneur d'Arné et autres lieux (*dit le comte de La Barthe*) qui fut capitaine au régiment de Médoc et mourut sans alliance, laissant tous ses biens à son second frère Jean Anne de La Barthe ;
2° Jean Anne de La Barthe qui suit ;
3° Marie de La Barthe qui épousa Messire Jean de Marmiesle, Chevalier d'honneur au Parlement de Toulouse ;
Pr. 10 4° Anne de La Barthe, religieuse à Saint-Gaudens ;
5° Jeanne de La Barthe ;
6° Bernarde de La Barthe.

Pr. 4 XXXV. JEAN ANNE DE LA BARTHE, Chevalier (*dit le Vicomte*
Pr. 5
Pr. 6 *de La Barthe*), Seigneur de Cazeaux, co-seigneur d'Arné et autres lieux, qui fut capitaine au régiment de Médoc, puis au régiment des grenadiers de France, par commission Royale du 19e de mars de l'an 1770, épousa par contrat du 21e de mars de l'an 1770, la noble Demoiselle Marie Anne Louise Varnier, fille de Messire Antoine Varnier Écuyer, Conseiller du Roi, Auditeur des Comptes de la province de Dauphiné et de noble Marie Madeleine de Roman, son épouse.

# DEUXIÈME PARTIE

## PREUVES

# PREUVE N° 12

## Branche aînée *(Filiation directe)*

---

*Extrait des Minutes des Notaires de Montpezat, Sénéschaussée de Tholose en Gascogne.*

---

6 février 1561 Comme ainsy soict et par les parties bas-nommées aye esté dict pactes de mariage avoir este faictz et contractés et mariage cellebré... Entre feu noble François de la Barthe quant vivoyt filz aisné a noble Philippes de la Barthe, seigneur de Lassegan, d'une part, et Damoiselle Ysabel de Vize vesve a feu François de la Barthe, d'autre faictz et passés lesd. pactes de mariage, le vingt deuxiesme jour du moys de Jung, en l'année mil cinq cens cinquante, escriptz et retenuz par feu Me Jehan Canhac, notaire de Ryeumes, par lesquels aurait esté constitué... pour le support des charges dudict mariage, par feu noble Jehan de Vise, chevalier seigneur de Sayas, quant la somme de deux mil livres... et Icelle somme et choses contenues ausdictz pactes reallement satisfaictes tant audict seigneur de Lassegan que mariez susd... comme a plain appert par les quictances et instrument de recognoissance sur ce faictz, receuz par Me Jehan de Sainct Pierre, notaire de la ville de Seramon, le premier jour du moys de May mil cinq cens cinquante quatre. Ou est-il que les parties soubz escriptes ayent faict les honneurs et bout de l'an longs jours sont passez dudict feu noble François de la Barthe décédé mary quant vivoyt de la dicte Ysabel de Vize..... ont faictz les conventions que sensuyvent l'an mil cinq cens soixante ung et le sixième jour du moys de Febvrier..... au lieu de Sayas, maison seignorialle dudict lieu, Jugerye de Rivière et Senneschaucée de Tholose, par devant moy, notaire, et les tesmoings soubz escriptz, estably en personne noble Carbon de la Barthe, filz aisné audict Philippes de la Barthe, seigneur de Lassegan et son Procureur, comme de la dicte procuration a faict aparoir escripte et signée par Me Jacques Brugeles, notaire de Symorre, le premier jour desd. moys et an... d'une part; et ladicte Ysabel de Vize, damoyselle

vefve audict feu noble François de la Barthe d'autre part ; lesquels..... ont accordé et transigé que pour raison de recouvrement dudict douaire quest de la somme de deux mil livres tournois augment d'icelle et toutes autres choses contenues ausdicts pactes de mariage, ledict Carbon de la Barthe comme procureur susd..... promect payer... à la dicte Ysabel de Vize, sa belle-sœur, la dicte somme de deux mil livres tournois..... Et pour ledict augment la somme de quatre cens livres... Et moyennant icelle somme..... la dicte de Vize fera instrument de quictance audict seigneur de Lassegan de tout droict douaire augment d'icelluy et aultres choses quelle pourroict pretendre aux biens dudict seigneur de Lassegan et de tout ce que Icelle de Vize est et demeure vefve relicte audict feu François de la Barthe, faisant residance avec noble Jehanne de Sainct Lary, vefve audict feu Jehan de Vize, ledict Carbon de la Barthe..... a donné.,... a la dicte Ysabelle de Vize, sa belle-sœur illec présente, pour ses pention et entretenement jusques audict jour et feste de sainct Luc prochain..... somme de deux cens livres tournois, lesquels presens pactes..... lesd. parties..... ont promis tenir..... requerant a moy, notaire, leur en retenir et expédier instrument..... Et lont signé ez presences de Jehan de Sainct Gys de Chasteauneuf, Pierre de Bauheres de Montpezat, Pey d'Aspect et Gallard de Lanne de Luran et des Salles en Magurac, habitans lesd. Carbon et Ysabel.... Signés a la cedde du présent et moy, Bernard de Bousin, notaire Royal de Montpézat..... soubzsigné..... (signé) de Bouzin, notaire royal.

# PREUVES

## De N° 1 à 10

---

Nous donnons comme preuves de l'histoire généalogique qui précède en ce qui concerne la partie comprise dans la filiation directe entre l'an 600 et l'an 1546, tous les auteurs historiques qui ont traité de l'Aquitaine parmi lesquels nous citons :

1° Gallia christiana.
2° Dictionnaire historique de Moreri.
3° Dictionnaire biographique de Ludovic Lalanne.
4° Histoire de la Ville et du pays d'Agenais.
5° Armorial des Landes, par le baron de Cauna.
6° Nobiliaire Toulouzain, par Brémond.
7° Généalogies de Chérin, vol. 133.
8° Armorial général de France, par d'Hozier.
9° Collection Duchesne.
10° Cartulaires d'Auch, Symorre, Fontgrave, etc.

# PREUVE N° 11

## Branche aînée *(Filiation directe)*

*Extrait des Minutes des Notaires de Symorre, diocèze d'Aux Séneschaucée de Tholose, en Gascogne.*

6 mars 1546 Saichent tous... que l'an de l'incarnation de nostre Seigneur mil cinq cens quarante six et le sixiesme jour du moys de Mars... en la maison de Lassegan, diocèze Daux et Séneschaucée de Tholose, pardevant moy, notaire Royal, comme ainsi soit que feu noble Arnauld Guillaume de la Barthe, quand vivait Seigneur de Lasseguan, entre aultres chouses en son dernier testament, heust faict et institué ses héritiers, savoir : noble Philipe de la Barthe, son ayné filz, ez biens appartenens alla Maison de Lasseguan... Et Pierre de la Barthe, son piaysné filz, et de son segond mariaige par son partaige et hérédictaire portion, ez biens scitués es Juridictions de Symorre, et Auriebat, avec la charge de payer par Icellui Pierre, la moytié de toutz ses debtes charges et la moytié des douaires de ses filhes... depuis lequel testament et après le decez dudit Arnauld Guillaume père, lesdictz biens d'Auriebat audit Pierre, laissés ayent esté adjugés par arrest de la Court souverene de Parlement de Tholose au Seigneur de Sainct Plancat. Et soit ainsi que Icellui Pierre ayt demuré longtemps despuis son jeune aige abscent au service du Roy durant laquelle absence ledict Philipe Seigneur de Lasseguan ayt souffertes les charges de ladite maison tant en payant les debtes et leguatz de leur feu père a entretenir les aultres fraires et marieez cinq filles leurs scœurs, savoir : nobles Jehane, Magdelene, Katherine et aultre Katherine et Marthe de la Barthe auxquelles tant pour leurs douaires et acotremens, et à Jehan de la Barthe, leur frère aprésent decedé, Icellui Philipe ayt paié... jusques alla somme de douze cens escus petitz et davantaige... desquelles sommes... Icellui, Pierre fust tenu remborcer de la moytié

audit Philip suyvant la teneur dudit testament. Et considéré le petit bien et revenu que pouvait advenir et demeurer aud. Pierre avec lequiel luy serait impossible soy entretenir sellon lestat dung gentilhomme, Illecse soyent accordés entre Iceulx frères amyablement en la manière que sensuyt savoir que moyenant la somme de cinq cens livres que led. Philipe balheroit... aud. Pierre aultre... lesd. sommes... ledict Pierre cederait... aud. Philipe lesdictz biens a luy laissés par sond. feu pere tant en la Jurisdiction de Symorre que Auriebat ensemble toutz... aultres biens... paternelz, fraternelz et tous aultres a luy apartenens... en la maison de Lasseguan... Et pour ce est que les an, jour, lieu et présences que dessus estant... constitué ledict noble Pierre de la Barshe, capitaine de Tholon sur la mer en Provence, dequiel... moyennant les susdictes fornitures... et lad. somme de cinq cens livres tournois par led. noble Philipe, son frère aysné et seigneur de Lasseguan, comme dict est fornies... a cédé... et... quite en faveur dud. Philipe, son frère, Illec present... tous lesd. biens à luy laissés par le testament de sond feu père es juridiction de Symorre et d'Auriebat ensemble de tous... aultres biens... tant paternelz que fraternelz... de quoy led. Philipe a requis instrument par moy, notaire, soulz signé estre retenu... ce que luy ay accordé fère... es presences de nobles Rogier de Polastron, Sgr. de Polastron, Francoys de Polastron, Sgr. du Bosc, Bertrand Chambaut de Symorre, et Doês de Colongnes de Saramon, habitans et de moy, Gérauld Brugeles, notaire royal, habitant de Symorre que... ay retenu le présent instrument... et signé de mon signet autentique... (Signé) Brugeles.

# PREUVE N° 13

## Branche aînée *(Filiation directe)*

*Extrait des minutes des notaires du diocèze d'Aux, Séneschaucée de Tholose en Gascogne.*

25 avril 1575 L'an mil cinq cens septante cinq et le vingt-cinquième jour du moys d'avril... dans le chasteau de La Seguan au diocèze d'Aux et seneschaucée de Tholose, Par devant moy notaire royal soubssigné... Personellement estably noble et puissant seigneur Messire Carbonde la Barthe seigneur de la Segan chevalier de l'Ordre du Roy et mareschal de camp de l'armée de Monseigneur de la Valette lieutenant pour sa Majesté en ce pays de Guyene, lequel... a faict... son testement... comme s'ensuyt... eslyzant sepulture s'il decède en ce pays dans la chapelle sainte Catherine en l'esglise parrochialle de la ville de Simorre au tombeau de ses prédécesseurs... Item veult... que noble Pierre de la Barthe son honcle paternel gouverneur du fort de Toulon en Provence ores qu'il aye faict quitance de tous les droictz à luy apartenans en lad. maison de la Segan qu'il y soit norry et entretenu honestement selon son estat et qualité sa vye durant aux despens des biens dud. testateur... Item a donné et légué... par preceput a noble Jehan François de la Barthe son filz puisné naturel et legitime deux metteries qu'il a acquises au lieu et juridiction de Tornay... avec tous les acquetz... comme y seront cy après faictes... tant est deux metteries que dans la juridiction de Tornay... a la charge toutes foys qu'il ne pourra rien demander à son héritier bas institué des restes par led. testateur deues a feu noble Arnaud de la Barthe son frère de la somme de deux mil livres tournois comme luy feurent adjugées par sentence arbitralle pour les droits a luy appartenens en la maison de la Segan la plus grand partie de laquelle somme Icelluy testateur laurait en son vivant payé et ce au moyen que led. noble Arnaud de la Barthe comme led. testateur a esté adverty a faict et institué son héritier led. noble Jehan François... Item a légué aud. noble Jehan François de la Barthe pour tous

droictz... que luy peuvent competer en sad. maison et biens dud. testateur la somme de quatre mille livres tournoises paiables lorsquil sera atteinct de laige de dix huict a vingt ans sinon que plustost se offroit quelque honeste party de mariaige... Item a donné et légué a noble François de Polastron deu Bosc son nepveu filz de feue damoiselle Catherine de la Barthe sœur du testateur la somme de deux cens escuz sol... pour les employer en achapt dung cheval et armes pour en faire service au Roy et à la charge qu'il ne soit de la religion prétendue reformée. . Item a légué a damoiselle Jehanne de la Barthe sa seur femme de noble Gaspard de Labourel la somme de cent livres... et... commande led. testateur a ses enfens qu'ils obeyssent et honorent lad. damoyselle Jehanne comme si estoit leur propre mere. Item legue a damoiselle Anne de Salinier sa niepce fille de feu damoiselle Catherine de la Barthe sa seur, d'Aulmosmerre la somme de cent livres tournoises... Item a légué a noble Jehanne de la Barthe religieuse du Sainct Laurens et a noble Christine de la Barthe prieure de Fontgrave ses sœurs et a chacune dicelles la somme de cinquante livres tournois... Item a légué a Guillaume des Loyes de Sainct Martin la somme de dix livres tournoises... en récompense des services qu'il a faictz tant a feu noble Messire Philip de la Barthe son père que au susd. noble Pierre son honcle. Item a dit... ledit testateur procès estre pendant en la cour de Parlement de Tholose entre noble Jehan de la Rocquelaure seigneur de Sainct Aubin son beau père demandeur et Pierre Duffaur de Miremont deffendeur et autrement demandeur en eviction et garantie contre le testateur et au cas led. procès ne prendrait fin du vivant dudit testateur il veult... que les comptes tant siens que dud. Dufaur soint veuz et calculés par les tuteurs bas nommés et les parens dud. Dufaur... et entre autres sommes dont led. testateur est memoratifz à quil veut led. Dufanr luy precompter sont telz comme sensuyvent sçavoir est trois cens livres que led. Faur tient du Comung restantes de neufz cens apres qu'il eust payé six cens livres de lafferme d'Aspect sy veult... led. testateur que lesd. tuteurs tiennent en compte aud. Dufaur tout ce quil se trouvera avoir esté receu par led. testateur de la vente faicte de la forest de Betcabe, ensemble les grains... provenant de larrentement du Mas den Gauzan quan à ce que led Dufaur en receu et au résiden de tous ses autres biens le susdict noble Messire Carbon de la Barthe testateur a faict et institué son héritier universel scavoir est noble Phelip de la Barthe son fils ayné naturel et legitime. Et cas advenant Icelluy Phelip descedat sans enfens ou filhes procrées de loyal mariaige la substitué led. noble Jehan François de la Barthe son fils puyné et si led. noble Jehan François decede pareillement sans enfens ou filles... la substitué noble Gauzeron de Polastron son nepveu filz puizné de la susd. damoiselle Catherine de la Barthe sa premiere seur a la charge de prendre et porter le nom et armes de la maison du testateur et ou led. noble Gauseran de Polastron decederait sans enfans ou filles... la substitué noble Gabriel Salinier son nepveu filz naturel et legitime a feue damoiselle Catherine de la Barthe sa seconde seur a la charge de prendre le nom et armes dud. testateur... et de tant que lesd. nobles Philip, Jehan, François de la Barthe ses enfens sont pupilles leur a ordonné pour tuteurs... scavoir est noble Jehan de Roquelaure sgr. de Sainct Aubin, noble Louys de Roquelaure son frère, noble Pierre de la Barthe honcle paternel du testateur, noble Jehan de la Barthe sgr. de Montcorneil, noble Gaspard de Labourel son beau frère du testateur, François de la Caze sgr. de Sardac et Pierre de Rosis de Montauld Destrac ycy presens lesd. noble Pierre de la Barthe de Sardac et de Rosis et lad. charge acceptant. Les exécuteurs de son present testament a faictz les susdits tuteurs presens frère Gaubert Marrougues camarier au monastère de Simorre, frère Jehan Mornes Prevost aud. monastère, noble Anthoine de Lissande conseigneur de Milhon, Mᵉ Pierre Nassans bachelier ez droictz procureur d'office en la compté d'Estrac, Jehan Nassans de Saramon, Anthoine Cordie de la ville de Mauvesin et Manaud Daude de Simorre, Lassegan, G. de Marvuelles tesmoing, J. Mornes, Lissande, Sardac, de Rosis, Nassans, Cordie, P. de Lasegan ainsi signés a la cede dud. testament.

En foy de quoy je François de Sainct Pierre notaire royal de Saramon et colasionaire de tous les papiers cedés et protecollés dud. feu Mᵉ Jehan de St Pierre quand vivoit mon père je expedye au sgr. a present dud. Lasegan suivant le commandement a moy faict des lettres de compulsoires. En foy de quoy je me suis soubz signé (signé) Sainct Pierre notaire royal.

# PREUVE N° 14

## Branche aînée *(Filiation directe)*

*Extrait des Minutes des notaires du diocèze d'Aux, Séneschaucée de Tholose en Gascogne.*

décembre 1577 Pactes de mariaige fects et passés entre Messire Carbon de la Barthe, chevalier de l'ordre du Roy, seigneur de la Segan, d'une part; et damoiselle Marguerite de Grossolles, vefve a noble Jehan François d'Aulin, sgr. dud. lieu et autres.

L'an mil cinq cens septante sept et le segond jour deu moys de Dessambre, dans le chasteu deu Tancoet au dioceze d'Aux et Seneschaucée de Tholose, ont esté presans en leurs personnes Messire Carbon de la Barthe, seigneur de la Segan, chevalier de l'hordre deu Roy, cappitaine de cinquante homes d'armes de ses ordonnanses, d'une part; et damoiselle Marguerite de Grossolles, filhe naturelle et légitime de Messire Raymond de Grossolles, chevalier de l'hordre deu Roy, seigneur et baron de Flamarens, et femme vefve de feu noble Jehan François d'Aulin, en son vivant sgr. d'Aulin, assistée dud. Sr. de Flamarens, son père, d'autre part; lesquels ont dict avoier faicts et dressés certens pactes et acords seur le mariaige futeur entre led. seigneur de la Segan et damoiselle Marguerite de Grossolles, et ont voleu Iceulx estre leus et enregistrés par moy, Jehan de Sainct Pierre, notaire royal de Saramon..... estans de de la teneur. A l'honneur de Dieu soet sansuivent les pactes de mariaige fects entre Messire Carbon de la Barthe, seingeur de la Segan, chevalier de l'hordre deu Roy, cappitaine de cinquante homes d'armes de ses ordonnanses, d'une part; et damoiselle Marguerite de Grossolles, filhe naturelle et leigitime de Messire Raymond de Grossolles, chevalier de l'hordre deu Roy, seingeur et baron de Flamarens, et femme vefve a feu noble Jehan François d'Aulin, sgr. dud. lieu en son vivant, d'autre et ce sur le mariaige a fere entre ledit Sr de la Segan et Icelle, damoiselle Marguerite de Grossolles, fects dans le chasteu deu Tancoet le premier jour deu moys de dessambre mil cinq cens septante sept comme sansuict. Premierement a esté acordé que led. seingeur de la Segan et lad. damoiselle Marguerite de Grossolles solepniseront led. mariaige en Ste Mère Esglize, et ce suivant la forme de l'Esglize catholique. Et pour suportasion des charges dud. mariaige lad. damoiselle Marguerite de Grossolles constitue en dot aud. sgr. de la Segan, futur espous, la somme de vingt trois mille livres tournois, savoir est huict mille deu dot par elle pourté aud. sgr. d'Aulin, son feu mary, pour partye deu dot elle constitué par led. S^r de Flamarens, son père, cinq mille livres pour laumant a elle donné par les pactes de mariaige entre led. feu S^r d'Aulin et lad. de Grossolles reteneus par M^e Bertrand la Borie, notaire de Lectoure, et Jehan Vives, notaire de Flamarens, le dix neufiesme jour d'Avril, an mil cinq cens septante quatre, et dix mille livres a elle legués par led. feu S^r d'Aulin, son mary, comme est contenu tant en son testament reteneu par la Caze, notaire de Ste Figie, le troisième may mil cinq cens septante six, que en son codisil retenu aussi par led. la Caze le quinzième dud. moys de May, led. an septante six... laquelle somme lad. damoeselle Marguerite delivrera le jour des nopses aud. S^r de la Segan pour estre employé en l'aichapt de : unne pièces et biens Immubles ou Icelle fere assigner sur telle pièce des biens dud. S^r d'Aulin quy sera accordé par les tuteurs et prochens parans de damoiselle Anne d'Aulin, filhe héritière dud. feu S^r d'Aulin. Et par se que feu Messire Phelipe de la Barthe, chevalier de l'ordre deu Roy et seingeur de la Segan cant vivoit donna aud. seingeur Carbon, son fils, tous ses biens par les pactes de mariaige contracté entre led. S^r Carbon et feu dame Soubirenne de Rocquelaure, reteneus par La Coste, notaire de Colomgne, le vingt quatriesme novambre mil cinq cens soixante deux et par mesmes pactes et contrat led. S^r Carbon donna à son premier fils qui nestroit dud. mariaige les deux tiers des biens a luy donnés par led. Phelip père, et deu premier au segont a esté conveneu que led. seingeur de la Segan, futeur éspous, donnera, et des a present donne au present donne au premier enfant masle avit deçandant dud. mariaige entre luy et lad. de Grossolles, lad. tierce partye desd. biens a lui donnés par led. feu Phelip. sond. père... et oltre, donne a son premier enfant masle et deu premier au segond dessendans dud. mariaige, les Metteryes dictes deu Thore et de Mossen Marc et de Pellepon, assizes en la Juridicsion de Tornan, et autre metterye dicte de Toye, assize en la Juridicsion de Simorre, lesquelles led. S^r de la Segan a acquizes despuis le décès de son feu père, Et ou led. Seigneur de la Segan recoubrera la plasse et baronye de Marquefarre, en laquelle il pretant droict. Item donne lad. plasse de Marquefarre et tous autres droetz que luy provien-dront de la maison de la Trape, aud. premier enfant masle deçandant dud. mariaige. Et les enfants de son dit premier mariaige ne porront rien demander en la dite plasse de Marquefarre et metteryes susd. Flamarens, la Segan, M. de Grossolles, Audohielle, S. Martin, F. de Grossolles,

Francet, Fillize, Lissonde, Polastron, Caissac; ainsi singnés, et aux fins que le présent contrat soet de perpetuelle vallur, les susd. partyes ont vouleu l'authorisation et omologasion diceluy estre requize en la court de Mr le Seneschale de Tholoze. Requérant en oultre instrumant leur en estre reteneu, expedyé par moy, de St. Pierre, notaire royal de la ville de Saramon, ce quay fect prezans : Messire Jacques de Bazordan, abbé deu Mas, noble Bernard de Comenge Sr de Pontejac, noble Jehan de Lastours Sr d'Audohielle, noble Charles de Poymero Sr de St Martin, noble Jacques de Palastron, sieur dud. lieu, noble Anthoenne de Lissonde Sr de Noilhan et Me François Fillouze app. de Sombes, soubzignés avec les susd. partyes et moy susd. de St Pierre, notaire requis... En foy de quoy, je François de St Pierre, notaire royal de lad. ville de Saramon, et colasionere des cedes et papiers dud. feu de St Pierre, me suis yey soubzigné... (signé) SAINCT PIERRE, notaire royal.

# PREUVE N° 15

## Branche aînée *(Filiation directe)*

*Extrait des Minutes des notaires du Roy, Jean Thidirot et Jean Doujat du Chastelet de Paris.*

---

20 septembre 1579

Testament de haut et puissant Seigneur Messire Carbon de la Barthe, seigneur de Lasseguan, Escuyer capitaine de cinquante hommes d'armes des ordonnances du Roy, étant alors à Paris logé en une maison rue de Coquillière, gissant au lit malade, fait le dimanche 20 septembre 1579, par lequel il veut être inhumé en l'église Saint Eustache à Paris au lieu le plus honorable que faire se pourroit s'il decedoit en la ville de Paris. Il dit avoir contracté son premier mariage avec Supreme de Roquelaure duquel luy étoient venus deux enfants l'un nommé Philippe et l'autre Jean, lequel Philippe son aine filz il institue son héritier en tous ses biens sauf audit Jean sa légitime et la somme de 2000 livres tournois que feu son oncle Regnault de Lasseguan pouvoit avoir laissé au dit Jean par son testament; et parce que le contrat de mariage par luy fait avec Margueritte de Grossolles n'était autorisé, il veut et entend que ledit contrat soit de nul effet et valeur à cause qu'il n'était issu enfans d'eux et néantmoins ou la ditte Margueritte de Grossolles alors sa femme se trouveroit enceinte et qu'il en fut procréé un enfant mâle ou femelle, il veut que ledit contrat de mariage d'entre luy et elle sorte son plain effet; il veut qu'un autre testament qu'il dit avoir cy-devant fait du jour duquel il n'était recordé, par lequel il nommoit pour se substituer à ses biens, les premier, second et tiers enfants de la maison de Boscq ses neveux, soit de nule valeur, attendu la notable faute qu'ils auraient faicte au mécontentement d'Ycelluy testateur et au lieu d'eux il substitue Gabriel de Cayffac son neveu seigneur dudit lieu de Cayffac à la charge qu'il porteroit le nom et les armes de la maison de luy testateur. Il lègue à Pierre la Coste son secrétaire la somme de huit vingts six écus deux tiers une fois payée et parce que dey longtemps il avoit nommé par autre testament tuteur de ses enfants les personnages nommés audit testament. Il suplée les dits tuteurs d'accepter la ditte tutelle et pour faire inhumer; son corps et faire faire les obsèques et funérailles s'il décédoit en la ville de Paris ; il prie le Seigneur de Laguzant et de Sardac d'en prendre la peine. Il nomme et élit pour exécuteur général de son dit present testament en son païs le Seigneur de Mont de Mairast son cousin, auquel je donne ses enfants le priant d'y prendre la garde et les faire instruire. Item il veut que Pierre de Laffeguan son oncle paternel tant qu'il vivroit soit entretenu nourry et alimanté selon la portée de la maison de luy testateur. Ce testament passé en présence de Dom Pierre Renauld religieux du couvent de Lezat en Foix, du Faur natif d'Astarac, Guilhem Donnetz natif de Bigorre, de Cucquet escuyer, de Saliens apoticaire, demeurant à Paris, Thomas Caperon contrôleur ordinaire de la maison du Roy, Jean de Muret et Pierre de Massot praticiens à Paris et reçu par Jean Thidirot et Jean Doujat notaire du Royau Chastelet de Paris.

A la suitte est un codicile fait le même jour devant les mêmes notaires par lequel ledit testateur veut et entend que le contrat de pact de mariage fait entendre luy et la ditte Marguerit-e de Grossolles alors sa femme vaille et sorte son plain et entier effet.... force et vertu selon sa forme et teneur et a ces fins le confirme et aprouve soit que la ditte de Grossolles se trouve enceinte ou non et a cette cause revoque l'article du testament cy devant écrit par lequel il déclaroit nul ledit contrat et pactes de mariage de luy et de la ditte de Grossolles a cause qu'il n'avait été autorisé et qu'il n'y avait eu des enfants d'entre eux à laquelle de Grossolles je donne ses enfants ainsi qu'elle luy avoit donné sa fille de son premier mariage ledit Codocile passé en présence de Bernard de Moncla archer des gardes du corps du Roy sous la charge du seigneur de Larchant, Jean de Marmajour soldat de la compagnie du capitaine Monaz Jorigoing soldat de la ditte compagnie et Jacques Marent bourgeois de Paris ; le tout produit par copie délivrée le 10 may 1635 par Jean Capdeville notaire royal habitant de la ville de Simorre sur le vray expedie fait au Chastelet scellé et signé des susdits notaires trouvé parmy les papiers du greffe du siège royal et la ditte ville cy devant exercé par feu Me Guillaume Capdeville pere dudit Jean Capdeville greffier et audit greffe remy le mardy penultieme d'aoust 1580 jour d'audience tenant Icelle feu Me Jean de Saint Pierre magistrat et lieutenant audit siège par Me Antoine la Guarde avocat en Icelluy assisté d'un nommé Cochant procureur de feu Jeanne de la Coste sœur et héritière à feu Pierre la Coste secrétaire dudit feu Messire Carbon de la Barthe seigneur de Lasseguan a cause de l'instance que la ditte de la Coste avoit introduitte devant le juge de Riviere audit siege de Simorre contre feu François de la Caze, ecuyer sieur de Sardac tuteur de Philippes de la Barthe fils ainé et héritier audit feu sieur de Lasseguan pour faire déclarer exécutoire la clause du legs fait audit feu la Coste de la somme de 500 livres par ledit feu sieur de Lasseguan desquels papiers ledit Jean Capdeville étoit detenteur et collationnaire comme fils et héritier audit feu Me Guillaume Capdeville.

# PREUVE N° 16

## Branche aînée *(Filiation directe)*

---

*Extrait du registre mortuaire de l'Eglise paroissiale de Saint-Eustache de Paris.*

---

28 septembre 1579 L'an mil cinq cent soixante dix neuf, le lundi vingt-huit septembre convois et service d'assistance générale pour deffunt noble, homme Carbon de Lassegnan, legts, droits et profits pour le convois et assistance.

Collationné à l'original et délivré par moi, prêtre dépositaire des Registres mortuaires de la ditte Eglise : à Paris, ce vendredi 15 mai mil huit cent soixante dix huit.

(Signé) SEZEVILLE.

# PREUVE N° 17

## Branche aînée *(Filiation directe)*

---

*Extrait des minutes des notaires de la Séneschaucée de Tholose en Gascogne.*

---

) février 1592 Aujourd'hui, vingtiesme de février, lan mil cinq cens quatre-vingtz et doutze... en Tholose... Par devant moy, notaire royal, soubz signé ont esté presans en personne Damoiselle Catherine de Touges, veufve a feu Messire Francois de Merviel, seignieur de Beauvais et des Cortinals, Mere et administraresse des personnes et biens de Jacques de Mervieil, son filz, et dud. feu de Mervieil d'une part. Et noble Phelippes de la Barthe, seignieur de Lassegan, dautre quy ont dict au tracté du mariaige dentre ledit sieur de Lassegan et damoyzelle Martre de Merveilh, fillie de la dicte de Touges, avoir esté faictz et arrestés certains pactes et convenances par eux signés par lesquelz entre autres choses, laditte de Touges auroict constitue en dot ausdits époux la somme de cinq mil escus et quatre cens escus pour les bagues et joiaux sur et tant moingz desquelles sommes ladite de Touges, a paié aud. sieur de Lassegan acceptant la somme de mil escuz de laquelle somme en... quicte lad. de Touges. Et ainsin la juré ez presances de Me Henoc de Bellemaniere, docteur et advocat en la Court et Sr Laurens Courtines, merchant de Tholose à la cede avec lesd. parties siqués et de moy, Aymar du Jarric, notaire royal dud. Tholose, habitant requis. (Signé) du Jarric.

# PREUVE N° 18

## Branche aînée *(Filiation directe)*

*Extrait des Minutes des Notaires de la Séneschaucée de Tholose en Gascogne.*

8 juin 1592 Au nom de Dieu soict scaichent tous que lan mil cinq cens quatre-vingts et douze et le huictiesme jour du moys de jung, en Tholose dans la maison des herettiers de Mᵉ Anthoine Bonhomme, rue de Bourbonne. Par devant moy, notaire royal, soubz signé, ont esté presentz en personnes noble Phelippes de la Barthe, seigneur de Laseguan, d'une part, et damoyselle Catherine de Touges, dame de la Faige, vefve a feu Messire Francoys de Merviel, seigneur de Beauvois, et des Cortinalz, mère et administaresse des personnes et biens de Jacques de Merviel, son filz, et dudict feu sieur de Merviel, et damoyselle Marthre de Marviel sa fille d'aultre. Lesquels, sur le mariaige dentre ledict sieur de Lasseguan et damoyselle Marthre de Merviel, ont faictz les pactes suivans. Premièrement : que ledict mariage ce cellebrera en face de saincte mère Eglise Catholicque, Apostolicque, Romaine... Pour supportation des charges duquel mariage ladicte damoiselle, mère de ladiete futeure expouse luy constitue en dot la somme de cinq mil escuz, sol vallant quinze mil livres. Et c'est pour tous droicts paternelz et maternelz, et part que la dicte futeure expouze pourrait avoir par le decez de feu Gehanne de Merviel, sa seur, et pour le logat de deux cens escuz a elle faict par feue Damède de Bardachin, moyennant lesquelles sommes quicte a la dicte damoyselle, sa mère, tant en son nom propre que comme legictime et administraresse de la personne et biens de son dict filz a toutz lesd. biens paternelz et maternelz... et de ladicte sœur defunte et ladicte somme de deux cens escuz dudit leguat de lad. dame de Bardachin. Lesquelz susdictz pactes de mariage, lesdicts parties ont promis, observer ez presences de hault et puissant seigneur Messire Emanuel de Savoye, marquis de Villars, et lieutenant-général, pour le Roy et gouverneur au pays

et duché de Guyenne, Messieurs Mes Phelippes, Bertier, Seigneur de Montrabe et Pierre Buet, conseillers du Roy en la Court de Parlement de Tholose, Messires Françoys de Tersac et de Fontaines, Seigneur de Montberaud et Jehan de Lambes, Seigneur de Savignac, chevalliers de l'ordre de Roy, capictaine de cinquante hommes d'armes, nobles Jehan Jacques de Tersac, baron de Montberaud, Messieurs Mes Guillaume Bertier, sieur de sainct Genyes, advocat en la Court notaire, et secrettaire du Roy maison et Couronne de France, Pierre Olivier, docteur et advocat en la Court, noble Jean de Touges, sieur de Moailhan, Jacques du Béon, Sr de Sere, Gaston de Foix et de Candalle, seigneur de Villefranche, Hector de Sere, sieur de la Masguère a la cedde avec lesd. parties signés et moy, Aymar du Jarric, notaire royal dud. Tholose, habitant requis. (Signé) du Jarric.

A la suite est une quittance donnée le dernier décembre 1592, par noble Philippe de la Barthe, seigneur de Lassegan a demoiselle Catherine de Touges, dame de la Faige, veuve de messire François de Marviel seigneur de Beauvays et des Cortinalz, mere et administraresse des personne et biens de ses enfants et dudit feu sieur de Marviel, savoir de la somme de 5000 écus à lui constituée en dot aux pactes de mariage d'entre ledit sieur de Lassegan et demoiselle Marthre de Merviel, fille de ladite de Touges, retenus par Aymar du Jarric, notaire royal à Toulouse, le 8 juin 1592, dont 1900 livres par quittance retenue par Me Louis Virolle, notaire de Château Sarrazin, le second juillet precedent et 4000 livres, dont ladite de Touges fait transport audit sieur de Lassegan et qui lui étaient deues savoir par noble Durand Montelz et Charles Gontolas, bourgeois de Tholose, 2000 livres par contrat retenu par Me Bernard Canac, notaire de Tholose, le moys de septembre 1591 et autres 2000 livres par Messieurs André et David Montels aussi bourgeois de Tholose par autre contrat retenu par ledit du Jarric, notaire, le 20 mai 1591, lesquelles sommes ledit sieur de Lassegan reconnoit sur tous ses biens à ladite demoiselle Marthe de Merviel, sa femme absente. Cet acte passé à Tholose dans la maison de Me Mre Guillaume Bertier, sieur de Sainct Genyes, notaire et secrétaire du Roy, et avocat en la Cour de Parlement de Tholose, devant ledit Aymar du Jarric, notaire royal dudit Tholose, habitant en présence dudit sieur Bertier, noble Jean du Faur, seigneur de Mazerettes, Mes Pierre Podansan, procureur en la Cour et Jean Nogueres, praticien de Tholose.

Encore a la suite est une procuration donnée le 5 janvier 1600 à Me Rivière et autres procureurs en la séneschaucée de Tholouse par noble Philippes de la Barthe, seigneur de Lasseguan, et demoiselle Catherine de Touges, dame de la Faige, veuve de Messire François de Merviel, sieur de Beauvais, et mère de feue demoiselle Marthe de Merviel pour requérir l'insinuation du contrat de mariage dudit seigneur de Lassegan, passé le 8 juin 1592, avec ladite feue demoiselle Marthe de Merviel, sa femme, retenu par ledit du Jarric, notaire royal. Cet acte passé à Tholose dans la maison de Me Mre Symon de Chambon, trésorier général des Monnoyes en la généralité de Tholose devant ledit du Jarric, notaire, en présence de Pierre Gasquet, marchand de Tholose.

Et l'insinuation dudit contrat de mariage faite es Registres de la senechaussée de Tholose et Albigeois à Tholose, le 11 janvier 1600, par devant Me Mre François de Clary, conseiller du Roy en ses conseils d'Etat et privé maistre des requestes ordinaire de son hostel, juge, mage et lieutenant-general, né en ladite senechaussée, ce requérant Mes Gaspar Rivière et Anthoine Blanc, procureurs en ladite Cour et desd. demoiselle Catherine de Touges et seigneur de Lasseguan. Cet acte signé de Clary, juge, Mage et Ducel.

# PREUVE N° 19

## Branche aînée *(Filiation directe)*

---

*Extrait des Minutes des Notaires de Simorre diocèze d'Aux Séneschaussée de Tholose en Gascogne.*

---

8 février 1594 Sentence arbitrale rendue au chateau de Lasseguan le 8 février 1594, par Pierre de Serillac, sieur de Boisede ; Francois de Polastron, sieur de Monteau et Laumède ; Bernard Bourgoing, capitaine, et Adrian Figues, arbitres et amiables compositeurs nommés par les parties et assistés, et écrivant sous eux, Dominique Girard, notaire royal de la Ville de Simorre, pris pour greffier, Entre noble Jean de la Barthe, fils légitime et légataire de feu noble Carbon de la Barthe, Chevalier de l'ordre du Roy, sieur de Lasseguan, autorisé et conseiller dudit noble Adrian Figues, son curateur aux biens, et de Me Blaise Perdigon, bachelier en droits, aussi son curateur donné aux causes, d'une part, et noble Philippe de la Barthe, fils aîné légitime naturel et héritier dudit feu sieur Carbon, sieur de Lasseguan et Lamaguère, d'autre part, par laquelle ponr terminer le différend qui était entre eux, pour raison des biens et legats faits audit noble Jean par le testament dudit feu sieur Carbon de la Barthe, Chevalier de l'ordre du Roy, du 20 septembre 1579, et de la legitime de ses biens et hérédités ainsi que pour raison de droits maternels en ce qui concernoit la constitution du douaire de feu noble Supreme de Roquelaure, quand vivait, femme en premiere dudit feu sieur Carbon père, et pareillement pour les droits prétendus par ledit Jean, pour le légat a luy fait par feu Renauld de la Barthe, son oncle paternel, dont mention était faite audit testament, et après avoir vu l'instrument de remission retenu par Girard, notaire royal de la ville de Simorre, le 8e dudit mois de Février, portant le pouvoir des dits Arbitres. Le testament dudit feu sieur Carbon de la Barthe père, retenu par Mes Jean Thydriot et Jean Doujat, notaires du Roy, au Chatelet de Paris, ledit jour 20 septembre 1579, et sur ce ouy aussi, les dits sieurs de la Barthe frères, en leurs dires et requisitions, les dits sieurs arbitres, adjugent audit noble Jean de la Bar-

the, legataire sur les biens et hérédité dudit feu noble Carbon père, et aussi pour tous les droits par luy pretendus par vertu dudit testament et legs dudit feu Renauld de la Barthe, oncle paternel, comme aussi sur la constitution du douaire de la ditte feue Suprême de Roquelaure, sa mere, la somme de 7.500 livres a quoy les dits arbitres, proches parens des parties avoient trouvé revenir toute la legitime pretendue par ledit noble Jean, suivant l'estimation qui avait été faite de tous les biens dudit feu noble Carbon père au payement de laquelle somme ils ordonnent que le sieur noble Philippe de la Barthe, fils ainé et heritier susdit serait tenu luy bailler trois metairies qu'il avoit au terroir etjuridiction du lieu de Tournan, appelées de Pelleporc, l'autre de Mossen Marc et l'autre de Colommé pour la somme de 4,000 livres, étant sous le fief du S[r] abbé de Simorre sieur dud. Tournan, et à l'égard des 3500 livres restans ledit noble Jean confesse en avoir reçu 2400 livres ainsi qu'il étoit porté par acquest retenu par Me Pierre Brugelles, notaire royal dudit Simorre, lequel acquit il seroit tenu aprouver et ratifier, au moyen de quoy ledit Jean seroit tenu de faire quittance générale audit sieur de Lasseguan de tous ses dits droits de legitime et autres cy dessus spécifiés. Cette sentence signée sur l'original par lesdits arbitres est produite par copie collationnée, le 22 septembre 1666, par Decepte, notaire royal, sur l'original exhibé et retiré par noble Gabriel de la Barthe sieur de Lasegan.

# PREUVE N° 20

## Branche aînée *(Filiation directe)*

---

*Extrait des minutes des notaires de Simorre, diocèse d'Auch, sénéchaussée de Thoulouse en Gascogne·*

---

18 novembre 1596

Acord fait le 18 novembre 1596 entre noble Philippe de la Barthe, sieur de Lassegan et Lamaguère, fils aîné, légitime et naturel et héritier de feu noble Carbon de la Barthe, chevalier du Roy, sieur dudit Lassegan et noble Jean de la Barthe, aussi fils légitime et naturel dudit feu sieur Carbon d'autre, par lequel sur le différend qui avoit été entre eux à cause du droit de légitime que ledit Jean avoit aux biens dudit feu sieur Carbon père commun des parties et du legat à luy fait par la disposition testamentaire d'Icelluy et aussi pour raison des droits maternels concernans la constitution de douaire de feue noble suprême de Roquelaure, leur mère et pareillement pour raison du legat fait audit Jean par feu noble Renaud de la Barthe, son oncle paternel et dudit sieur Philippe, lequel différend avait été jugé par nobles Pierre de Sérillac, sieur de Boysède, Françoise de Polastron, sieur de Montaud et de Laumède, Bernard Bourgoing, cappitaine et Adrian Figues, arbitres nommés par les parties, ledit noble Jean lors majeur de quatorze et mineur de vingt-cinq, assisté par ledit sieur noble Adrian Figues, son curateur aux biens et Mᵉ Blaise Perdigon, bachelier es droits, avocat au siège de la ville de Simorre, curateur aux causes, laditte sentence arbitralle donnée le 8 février 1594 et par laquelle lesdits arbitres avoient entre autres choses adjugé audit Jean sur les biens dudit feu noble Carbon son père, tant pour raison de la disposition testamentaire d'iceluy que pour tous les droits par luy prétendus sur ses biens comme légataire de son dit père et de feu noble Reneaud, son oncle paternel et aussi pour les droits maternels de la dite feue suprême de Roquelaure, sa mère, la somme de 7,500 livres, en payement de laquelle luy seroient baillés des biens du corps héréditaire, sçavoir : trois métairies assises au terroir et jurisdiction du lieu de Tournan, pour la somme de 4.000 livres à laquelle sentence les parties avaient aquiescé et, depuis, ledit noble Philippe avoit payé audit Jean différentes sommes, en sorte qu'il ne restoit que 300 livres pour faire l'entier payement desdits 7,500 livres et nagueres ledit noble Jean ayant atteint l'âge de vingt-cinq ans et plus, s'était fait déclarer majeur de vingt-cinq par devant Monsieur le juge de Rivière ou son lieutenant au siège de la ville de Simorre le 15 dudit mois de novembre 1596, il avait requis ledit Philippe de luy payer ladite somme de 300 livres sans préjudice de plus grande somme qu'il prétendoit luy demander pour supplément de légitime aux biens dudit feu noble Carbon de la Barthe sou père et considérant ledit sieur noble Philippe de la Barthe, les acquisitions qu'il avoit faites de plusieurs beaux biens par le moyen de son mariage et d'autres moyens que ceux de l'hérédité dudit feu sieur Carbon son père, il avoit consenti de payer audit Jean, son frère, la somme de 800 liv. pour supplément de légitime et lesdites 300 liv. restant de ladite somme de 7,500 liv. Et moyennant lesdites sommes qu'il lui paye ledit Jean quitte ledit Philippe, son frère, de tous les droits qu'il avoit aux biens de la maison de Lassegan comme aussi il se tient content de trois métairies qu'il possédait alors, se réservant la future succession et les droits que ladite feue noble suprême de Roquelaure ,sa mère, avait en la maison de Saint-Aubin, omologuant tout le contenu en ladite sentence arbitrale. Cet acte passé en la ville de Simorre, siège de Rivière, diocèse d'Auch et sénéchaussée de Thoulouse devant Dominique Girard, notaire royal dudit Simorre. en présence de frère Anthoine Cahusac, religieux et aumônier au monastère dudit Simorre, François de Malart, Bernard la Salle, capitaine et Joseph et Jacques Saint-Pierre, frères habitans dudit Simorre, est produit par expédition délivrée le 14 novembre 1666 par Deupes, notaire royal sur le registre de feu ledit Me Dominique Girard, notaire royal, exhibé et retiré par Benoist-Louis Girard, détempteur desdites cedes. Et le 22 dudit mois de novembre 1666, ledit Deupes, notaire, déclare s'être chargé du l'original dudit acte, comme luy ayant été remis par Benoist-Louis Girard.

# PREUVE N° 21

## Branche aînée *(Filiation directe)*

*Extrait des Minutes des Notaires de Layrac en Briulhois, Sénechaussée d'Armagnac.*

21 mai 1602 Contrat de mariage de noble Philippe de la Barthe, Seigneur de Lassegan, assisté des nobles Jean Pierre du Gout, Seigneur de Daubeze, et Herard de Lamezan, sieur de la Bartha, ses parens, acordé le 21 may 1602 avec noble Guilhyaume Carbonneau, damoiselle procédente de l'avis et autorité de noble Françoise d'Aubusson, sa mère, de nobles Jaques Louys de Carbonneau, sieur de la Salle Goullens, et Guython de Carbonneau, sieur de la Motte, ses frères, et assistée de nobles Georges de Carbonneau, son oncle, Annet de Carbonneau, sieur de Bouhebem, Jehan Pol d'Esparbès, sieur de Carbonneau, François et Gerauld de Montpezat, sieurs de Poussou, et autres, ses parens et amis; en faveur duquel mariage laditte Guilhyaume de Carbonneau damoiselle future se constitue et promet porter en dot audit sieur de Lassegan, son futur époux, la somme de 4000 écus sols, revenans a 12000 liv. tournois, et comme elle avait d'autres biens, meubles et immeubles, consistans en une maison noble appellée de Campaigne, en Perigord, ayant justice haute, moyenne et basse, fiefs, rentes et autres devoirs seigneuriaux et meubles de toutes sortes; il est convenu que lesdits biens et immeubles non dotaux demeureraient en la jouissance et disposition de laditte future, comme étant biens paraphernaux. Il est aussi stipulé que si ledit futur prédécédait laditte damoiselle future, soit avec enfans ou sans enfans, elle aurait la jouissance des fruits de la maison noble de Lamaguere en Condomois avec ses dépendances, de même que ledit sieur de Lassegan en jouissait et la possédait, et en cas que le dit futur decedat sans enfans dudit mariage, ou avec enfans, et que lesdits enfans ou filles decédassent sans enfans legitimes, la dite damoiselle future substitue tel desdits Jacques,

Louis et Guython de Carbonneau, ses frères, qu'elle aviserait en faire nomination, et ce seulement sur laditte maison noble de Campaigne, ses appartenances et dependances, telle qu'elle l'avait acquise par le décès de feue noble Catherine d'Aubusson, noble Dame d'Allemans, sa tante, sous la reserve de la somme de 2000 ecus sol qu'il luy avoit convenu payer suivant la volonté de sa ditte feue tante audit Guython de Carbonneau, son frère. Ce contrat passé au chateau et maison noble de Goullens, juridiction de Layrac en Briulhois, Sénechaussée d'Armagnac, devant Pierre Sarramia, notaire royal, en présence de Nicoullas Coustons, homme d'armes, M$^{es}$ Jehan Vigoureux, docteur en médecine, Jean Guyart, docteur en droitz, avocat au siege de Condom, et Charles Thoulouze, prêtre dudit Layrac, Condom et Agen habitans.

# PREUVE N° 22

## Branche aînée *(Filiation directe)*

---

*Extrait des Minutes des Notaires de la ville de Simorre en Gascogne.*

---

20 mai 1613

Extrait du Testament de Julienne de Carbonneau, demoiselle épouse de noble Philippes de la Barthe, Seigneur de Lassigan et autres lieux, fait le 20 may 1613, par lequel elle legue a Guy de la Barthe, son fils puisné et dudit Seigneur de Lassigan, son mari, la somme de 8000. Elle lègue à Anne Louise de la Barthe, sa fille et dudit sieur son mary, pareille somme de 8000, et elle nomme et Institue son heritier universel et general, Jean Francois de la Barthe, son fils ainé et dudit sieur de Lassigan, son mari. Ce testament passé en la ville de Simorre, en Gascogne, et reçu par Me Jean Pontoux, notaire royal, qui reçut aussi l'acte de suscription datté du penultiéme du mois de may 1613, est produit par extrait collationné, le 5e juillet 1746, par Chaumels, notaire royal, sur l'original représenté et retiré par Messire Marc de la Barthe, Chevalier Seigneur de Vezac, et legalisé le 13 desdits mois et an, par François de Monzie, Seigneur de Massaut, Conseiller du Roy et son lieutenant particulier, en la Senechaussée et siege Presidial de Sarlat.

# PREUVE N° 23

## Branche aînée *(Filiation directe)*

*Extrait des Minutes des Notaires du diocèse d'Aux, Seneschaucée de Tholose.*

17 octobre 1623 Au nom de Dieu Amen scachent tous que lan mil six cents vingt troys et le dix septieme jour du moys d'octobre, dans le chateau du Tanquoet, diocèse d'Aux et Seneschaucée de Tholose, par devant moy, notaire royal soubsigné, establys en personne nobles Philippes de la Barthe sieur de Lassegan, Gabriel de la Barthe Seigneur de La Maguère pere et filz, et noble Jan de Touges Seigneur de Noilhan procureur, fundé de noble damoiselle Catherine de Touges dame de Mervieilh la Hage et autres lieux d'une part. Et nobles Damoyselle Anne d'Aubin, Phylippes d'Esparbès de Lussan sieur d'Aulin Tanquouet et Garranet, et Damoyselle Francoyse d'Esparbès Lussan mere et fils d'aultre part, lesquelz sur le traicté du mariage dentre le dit sieur de La Maguère et ladite Francoyse d'Esparbès Lussan assistés de Messire Francoys de Lambes seigneur et baron de Savignac, Noble Jan de Verduzan sieur de Sainteric, Noble Carbon du Faur seigneur et baron de Berat et de Mazeretes, Herard de Lamezan sieur du Bezevith, Jan Jacques de la Barthe sieur de Gyscaro, Jan Jacques de Verdufian, Jacques Francoys de la Barthe, Odet de la Barthe, Carbon Gabriel de Polastron sieur dudit lieu, Pierre de Sedilhac seigneur de Castelnau, Jan Francoys de Polastron et de Haumont ont faictz les pactes de mariage qui sensuivent. Premierement a esté convenu que ledit Gabriel de la Barthe sieur de La Maguère prendra pour femme et loyalle espouse ladite Francoyse d'Esparbès Lussan et pareillement que lad. Francoyse d'Esparbès Lussan prandra pour marry led. sieur de La Maguère, et leur mariage sera solemnisé en l'Eglise catholicque. En faveur duquel mariage led. sieur d'Aulin fraire et donnataire universel de lad. damoyselle d'Aulin sa mere a constitué en dot a lad. Francoyse d'Esparbés Lusson sa sœur la somme de vingt quatre mil livres

à la charge que moyennant ce elle renoncera comme de presànt renonce a tous droitz paternelz, maternelz, fraternelz et à toute autre constitution. Et aussy qu'en faveur dudit mariage led. sieur de Lassegan pere a émancipé ledit sieur de La Maguère son filz et confirme la donnation qu'il a faicte par ses pactes de mariage du vingtiesme feuvrier mil cinq cens nonante deux en faveur d'un de ses enfens. Et a nommé et esteu son dit filz et futur espoulz pour son donnataire et heritier contractuel, soy reservant neantmoingz l'usufruit desdits biens sauf de la place et seigneurie de La Maguère de laquelle il a des a present faict ung reel et entier delayssement a son dit filz... Item est pacte qu'en faveur dud. mariage ladite damoyselle Catherine de Touges ayeule maternelle dudit sieur futur espous, absante mais ledit noble Jan de Touges sieur de Noilhan procureur par elle fundé ainsin qu'a faict apparoir de sa procuration rettenue par Me Pierre de Villeneusve notaire de Rioumes en datte du setziesme du courant, donne aud. sieur futeur espous la moytié de tous ses biens soy reservant neantmoingz l'uzufruict d'yceulx sauf de la terre et seigneurie de la Hage, desquels il faict delayssement audit futur espous reservant aussy l'habitation a lad. damoyselle sa constituante dans led. chateau de la Hage ainsin lont juré presens les susdits seigneurs de Savignac et autres susnommés signés a la cede avec les parties et de moy Bertrand Gelade notaire royal de Saincte Marie qui ay receu les susd. pactes en foy de quoy me suis soubzsigné. (Signé) GELLEDE, notaire royal.

François de la Vallete seigneur de Cormusson, Parizot Senechal de Tholose et Albigeois, scavoyr faisons ce jourdhuy dacte des presentes par devant Monsieur Me Jean de Gineste, conseiller du Roy en ses conseils d'Estat, et privé Juge Mage et lieutenant general en la senechaucée de Tholose, avoir compareu lesd. Icard, Guilhialmy et du Pont scavoyr, led. Icard pour led. Phelippes de la Barthe sieur de Lassegan pere, led. Guilhialmy pour lad. damoiselle Catherine de Touges dame de Mervielh donnatrix, led. Dupont pour led. noble Gabriel de la Barthe sieur de La Maguère filz, donnataire, chacun pour ses parties en vertu de leurs procurations insérées aud. pactes de mariage contenant donnation et esmancipatiou en ont requis et consanty a l'insinuation des susd. pactes de mariage, sur quoy par led. sieur Juge Mage et lieutenant general a esté ordonné les susd. pactes de mariage sont authorizés, lesquels seront Insinués et enregistrés au Registre de nostre Cour a Tholose, le sixiesme febvrier mil six cens vingt quatre. (Signé) ICARD, GUILHIALMY, DUPONT, GINESTE, Juge Mage.

# PREUVE N° 24

## Branche aînée *(Filiation directe)*

---

*Extrait des Minutes des notaires de la ville de Gimont, dioceze de Lombez et Senechaussée de Tholoze en Gascogne.*

---

1 septembre 1630 Comme soient ainsin que par les parties bas escriptes aye esté dict que feu noble François de Merviel seigneur de Beauvais et de Cortinal par son testament de septiesme aoust mil cinq cens quatre vingtz quatre retenu par Mᵉ Arnaud la Porte notaire de Castel Sarrasin donna et légua a nobles damoyselles Marthre et Caterine de Mervielz ses filles et de demoyselle Caterine de Touges sa femme Dame de la Hage la somme de cinq mille livres chacune et institua son héritier noble Jacques de Merviel son filz lequel avait depuis faict héritière en tous ses biens ladite de Touges sa mère et légué trois cens livres à la dicte Catherine de Merviel sa soeur par testament retenu par le notaire. Néantmoins la dicte de Touges venant à marier la dicte damoiselle Caterine sa fille avec feu noble Arnauld Guilhem de la Barthe seigneur de Guiscaro en qualité de mere et légitime administraresse luy aurait constitué en dot la somme de quinze mil livres en ce compris la somme de quinze cens livres pour la moitié du léguat a elle faict de trois mil livres par Damoiselle Catherine de Merviel Dame du bosquet sa tante comme il appert par les pactes dudit mariage retenus par Mᵉ François du Barat notaire de Forgues le quinziesme juing de mil cinq cens nonante cinq comme aussi noble Gabriel de la Barthe seigneur de la Maguera fils ayné de noble Philippe de la Barthe seigneur de Lasseguan et de la dicte damoyselle Marthre de Merviel venant à se marier la dicte de Touges dame de la Hage sa grand mere lui aurait fait donation de la moitié de tous ses biens layant depuis institué son heritier universel par son testament du second de janvier mil six cens vingt huict retenu par feu Mᵉ Pierre de Punctis notaire dudict Tholoze par lequel elle aurait légué à ses autres neveus frères dudict Gabriel scavoir a noble Jacques François de la Barthe la somme de dix mil livres et a noble

Odet de la Barthe six mil livres et a la dicte damoyselle Caterine de Merviel sa fille la somme de trois mil livres pour tous ses droitz lequel léguat elle aurait depuis augmenté de mil livres par son codicil du sixièsme jour de juillet mil six cens vingt sept receu par Me Jean Calmel notaire royal dudit Tholoze devers lequel testament aurait aussi esté remis après que la publication en a esté faicte mais après le décès de la dicte de Touges ladicte damoiselle Caterine de Merviel ne voulant se contenter de quatre mil livres que luy estoient leguées faisoit demander audict seigneur de la Maguère son neveu le droict de legitime a elle appartenant sur les biens de sa defuncte mere lequel se desfardoit par la renonciation qu'elle avait faicte en les pactes de mariage a tous droitz paternelz, maternelz et fraternelz moienant la constitution de quinze mil livres. Elle repliquoit que la dicte de Touges sa mère scavait bien, quel estait plus deub a sa dite fille que de la somme de cinq mil livres pour les biens de son père soit pour le suplement de sa legitime ou pour les fruitz dicelle veu quelle n'avoit point esté entretenue par sa mere, ains par la dicte dame du Bosquet sa tante qui lavoit norrie et entretenue depuis le decès dudit feu sieur de Merviel son pere jusqu'au temps quelle feust mariée douze années. Pour ce est il que cejourd'hui unziesme du mois de septambre mil six cens trente après midy dans la maison et chasteau de Lussan diocese de Lombez et seneschaucée de Tholose. Par devant moy notaire royal ont esté constitué en leurs personnes ladicte damoiselle Caterine de Merviel vefve audict feu noble Arnaud Guilhem de la Barthe sieur de Guiscaro d'une part et ledit noble Gabriel de la Barthe seigneur de la Maguère comme heritier avec bénéfice d'inventaire de la dicte dame de la Hage sa grand mere dautre. Lesquels renoncent à tous leurs differandz susdictz et pour tous droitz de legitime, supplement dicelle et autres droitz quelconques appartenans a la dicte de Merviel tant sur les biens de la dicte dame de de la Hage sa mere que de feu noble François de Merviel son père et de noble Jacques de Merviel son frère ledict seigneur de la Maguère promect luy payer la somme de six mil quatre cens livres avec pacte accordé au cas led. Seigneur de la Maguere viendra a vandre la dite place de la Hage ou bien les Courtinalz. En ce cas led sieur de la Maguère sera tenu de paier a la dite de Merviel damoiselle lad, somme de six mil livres avec les intérêts et maienant ce la dite damoiselle Caterine de Merviel renonce a tous droitz quelle pourroit pretandre sur les biens tant desd, sieurs de Merviel pere et filz que de la dicte dame de Touges sa mere. Et pour plus grande assurance dud, seigneur de la Maguère et validite de lad, renonciation, noble Jean Jacques de la Barthe seigneur de Guiscaro filz de la dicte damoiselle Caterine de Merviel intervenant aud contract approuve la mesme renonciation et renonce de son chef aux mesmes droitz que sa dicte mere ; Et ainsi lont juré lesdites parties es presance de nobles Joanotan de Manau et de Lamesan seigneur dudit Lussan, Philippe d'Esparbès seigneur d'Aubin et autres places, noble Gabriel Darez escuyer seigneur de la Hagnadiere, natif de la paroisse de Saincte More en Touraine et Dominique Ydrac audit lieu de Lussan habitans. Et de moy Faux Vernis notaire royal de la ville de Gimond habitant qui ay retenu le present Instrument.

*Signé*: VERNIS, notaire royal.

# PREUVE N° 25

## Branche aînée *(Filiation directe)*

*Extrait des minutes des notaires de la ville de Simorre, dioceze d'Auch senechaussée de Toulouse en Gascogne,*

décembre 1642 Transaction faite le 22 décembre 1642 entre noble Gabriel de la Barthe sieur de Lamaguere, fils et héritier testamentaire de feu damoiselle Marthe de Merviel sa mere et heritier contractuel au benefice d'inventaire de feu noble Philipps de la Barthe, sieur de Lassegan, son pere d'une part. Et noble Jean François de la Barthe sieur de Campaigne et Guy de la Barthe sieur de Lisle fesant tant pour eux que pour damoiselle Julienne de Carbonneau leur mere, veuve dudit feu sieur de Lasegan et les enfans et héritiers de damoiselle Anne-Louise de la Barthe leur soeur vivante epouse de noble Charles de Roubert sieur de Fiches d'autre, par laquelle comme par les pactes de mariage passés entre lesditz feuz noble Philipe de la Barthe sieur de Laseguan et damoiselle Martre de Merviel, il avait été constitué en dot a ladite damoiselle par damoiselle Catherine de Touges sa mere la somme de 16.200 liv. et que d'ailleurs par ces mesmes pactes ledit feu sieur de Laseguan avoit donné les deux tiers de tous ses biens meubles et immeubles à l'un des enfans mâles qui seroit procréé de leur mariage tel qu'il lui plairoit choisir et tout ainsi qu'il étoit porté par lesd. pactes reçus par du Jarric notaire de Toulouse, le 8 juin 1592. Duquel mariage ayant été procréés ledit noble Gabriel de la Barthe sieur de Lamaguere, Jacques François de la Barthe sieur de Naugas et Odet de la Barthe sieur de la Grange, ladite damoiselle de Merviello leur mere étoit decedée, à elle survivans lesdits sieurs de Lamaguere Naugas et La Grange ses enfans avec ledit sieur de Lasseguan leur commun pere lequel avoit contracté un second mariage avec ladite damoiselle Julienne de Carbonneau laquelle s'était constituée en dot la somme de 12.000 liv. et ornemens contenus aux pactes dud. mariage par lesquels lesdits mariés avoient fait donation de la moitié de tous leurs biens meubles et immeubles en faveur de l'un des enfans masles qui naîtroient de leur dit mariage et tel qu'il leur plairoit nommer les dits pactes reçus par Sarramia notaire de

Layrac le 21 may 1602 laquelle somme de 12.000 livres et ornemens avoit été effectivement payée et reconnue a la dite damoiselle par ledit feu sieur de Laseguan suivant les reconnaissances des 29 may 1613 et penultième decembre 1618 reçues par Punctons notaire de la ville de Simorre; pendant lequel mariage ledit sieur de Nangaz fils du 1er lit dudit feu sieur de Laseguan étoit decedé et ledit sieur de Lamaguere fils ainé aussi du premier lit avoit contracté mariage avec damoiselle Françoise d'Esparbez Luçan par pactes reçus par feu Geledc notaire de Saincte Marie le 17 octobre 1623 par lesquels ledit feu sieur de Laseguan pere avoit confirmé la donation par lui faites dans les pactes de mariage avec ladite feue damoiselle de Merviel sa femme en faveur dudit sieur de Lamaguerre son fils aîné du premier lit, nommé et élu pour son donataire et héritier contractuel conformément a ses dits pactes. En sorte que ledit sieur de Lasseguan étant decedé laissant a lui survivant lesdits sieurs de la Maguère et de Lagrange ses deux enfants du 1er lit, lesdits noble Jean François de la Barthe sieur de Campaigne fils aîné du second lit et Guy de la Barthe sieur de Lisle et les enfans heritiers de ladite feue damoiselle Anne Louise de la Barthe leur sœur, épouse dudit sieur de Fiches, il s'était meu des contestations entre les parties pour raison des droits d'un chacun sur les biens delaissés par ledit feu sieur de Lasegan pere commun. Ladite damoiselle de Carbonneau veuve pretendant avoir droit de legitime sur la moitié de la donation faite par les premiers pactes par ledit feu sieur de Lasegan en faveur dudit sieur de Lamaguere son fils aîné du premier lit pour ne pouvoir trouver seulement la moitié de la constitution par elle portée aud. feu sieur de Laseguan son mary sur les biens restans dicelui distraites les dettes et hipoteques a elle privilegiées et d'avoir sur le Blot desdits biens son veuvage et que ledit sieur de Lamaguere en la qualité qu'il prenait de donataire contractuel dudit feu sieur de Lasegan son pere était tenu de décharger les biens restans de tontes hipoteques et lesdits sieurs de Campaigne et de Lisle disoient qu'il leur compettoit sur les biens dudit feu sieur de Lasegan leur père un droit de legitime qui revenoit à un dixieme attendu que ledit feu sieur de Lasegan avait laissé cinq enfans, deux du premier lit et trois du second, a quoi ledit sieur de la Grange ayant adhéré pour son regard; par cette transaction lesdites parties terminent leurs diferends par l'avis de Messires Denis de Mauleon seigneur de la Bastide, Guillaume de Boussost sieur de Campelz lieutenant pour le Roy en la citadelle de Leaucate, Gabriel Pierre de Paponet sieur de Paponet leurs parens et amis, lesquels ayant fait estimation de tous les biens dudit feu sieur de Lasegnan montant a la somme de 33.000 liv. savoir le chasteau de Lasseguan avec les métairies de la Bourdette, de Garmonet, de Ladamie, de Turuilh, de Pontz et autres dependances dudit chateau 22.500 liv. et la place et seigneurie de Lamaguere avec ses apartenances et dependances 10.500 liv. delaquelle somme de 33.000 liv. ayant été distrait celle de 16.200 liv. au profit dud. sieur de Lamaguere pour la repetitiou de la dot de ladite feue damoiselle de Merviel sa mere et 607 liv. pour lad. damoiselle de Carbonneau veufve pour pareille somme par elle payée des deniers de sa constitution à la décharge des biens dudit feu sieur de Lasegan pour les dettes et hipothèques de feu noble Carbon de la Barthe sieur dudit Lasegan père dudit feu sieur de Lasegan aux consul et sindic de la ville de Mirande. Il fut convenu que ledit sieur de Lamaguere bailleroit a la dite damoiselle Julienne de Carbonneau et ausdits sieurs de Campaigne et de Lisle mere et fils tant pour eux que pour les enfants de la ditte damoiselle Anne Louise de la Barthe femme dudit sieur de Fiches ladite terre et seigneurie de Lamaguere avec le moulin a eau et droits seigneuriaux la maison de la Grange et metairie appelée de devant et autres apartenances et dependances pour la somme de 10.500 liv sur laquelle somme ladite damoiselle veuve serait payée de 5.140 liv. 13 sols 4 deniers d'un coté et de 607 liv. d'autre pour le payement de ses hipothèques et donation dudit sieur de Campaigne, que le chasteau de Lasegan et biens en dépendans demeureroit audit sieur de Lamaguere pour sa donation et lesdits sieurs de Campaigne et de Lisle faisant tant pour eux que pour lesdits heritiers de ladite damoiselle Anne Louise de la Barthe leur sœur, de la somme de 3084 liv. 8 sols chacun pour leurs droits de légitime prise sur ladite donation faite audit sieur de Lamaguere. Cet acte passé dans le chateau de Tanquouet au diocezed'Auch et senechaussée de Toulouse en presence de nobles Jean George de Lamezan sieur du Bezerilh, Philippe de Poulastron sieur dudit lieu, Louis de Maignaut sieur de St Arroman; et reçu par Jean Capdeville notaire royal habitant de la ville de Simorre, fut ratifié le 25 decembre audit an 1642 par noble Charles de Roubert sgn. de Fiches père et legitime administrateur de ses enfans et de feue damoiselle Anne Louise de la Barthe son épouse; et ce sans préjudicier aux clauses apposées en l'accord passé entre lui, noble Jean François de la Barthe sieur de Campaigne et Guy de la Barthe sieur de Lisle et procureur de damoiselle Julienne de Carbonneau leur mere portant dette à son profit de la somme de 4000 fr. Cet acte passé dans le chateau de Tanquouet en presence de noble Jean de Buysson sieur de Baxaigues et reçu par ledit Capdeville notaire royal; et encore fut ratifié le 26 desdits mois et an par ladite damoiselle Julienne de Carbonneau, veuve dudit feu sieur de Lasegan; par acte passé dans le chateau de Lasseguan et reçu par ledit Capdeville notaire.

# PREUVE N° 26

## Branche aînée *(Filiation directe)*

---

*Extrait des Minutes des Notaires de la ville de Simorre, diocèze d'Aux, Senechaussée de Tholose en Gascogne.*

---

4 septembre 1652 Testament de damoiselle Julienne de Carbonneau, veuve du noble Philippe de la Barthe, seigneur de Lassegan, étant asize sur son lit en santé, et à cause de sa vieillesse, fait le 14 septembre 1652, par lequel elle veut être ensevelie dans l'Eglise de la ville de Simorre, dans la Chapelle ou ledit sieur de Lassegan, son mary, étoit ensevely. Elle lègue aux enfans de feue Anne Louise de la Barthe, sa fille, femme de noble Charles de Robert, sieur de Fiches, la somme de 10 liv. tournois, et ce pour tous droits de legitime; elle lègue à noble Philippes de la Barthe, sieur de Brassac, son petit fils, et fils de noble Jean François de la Barthe, sieur de Campaigne, son fils, la somme de 2000 liv. tournois. Elle leguea noble Bernard de la Barthe, sieur de Rochebrune, son petit fils et fils dudit sieur de Campaigne, la somme de 1000 liv. une fois payée; elle lègue a damoiselle Anne Louise de la Barthe et noble Odet-Honoré de la Barthe, sieur de Saint Michel, ses petits fils, fils et fille dudit sieur de Campaigne, a chacun d'eux la somme de 500 liv. Elle lègue a damoiselle Louise et Marie de la Barthe, ses petites filles, filles dud. sieur de Campaigne, et a chacune d'elles la somme de 200 liv. tournois, et elle institue son heritier universel noble Jean François de la Barthe, seigneur de Campaigne, son fils, et dudit feu sieur Lassegan. Ce testament passé au lieu de Lamaguere et maison seigneuriale au dioceze et senechaussée d'Aux, en presence de noble Odet de la Barthe, sieur de Lassegan, noble Gabriel de la Barthe de Montpezat, M^re^ François Lanusse, prêtre et vicaire de Lamaguere, Jean de Montamat de Lamaguere, noble Louis de Podensan, sieur des Mouras, Jaques Meau, Joseph Maupad et Ramond Meau, habitans dudit Lamaguere et reçu par François Bajon, notaire royal, hereditaire et habitant de la ville de Simorre.

# PREUVE N° 27

## Branche aînée *(Filiation directe)*

*Extrait des Minutes des Notaires de Laymont, diocese de Lombez, Senechaussée de Tholose en Gascogne.*

18 octobre 1664

Aujourd'huy, dix huitième octobre mil six cens cinquante quatre, au lieu de la Haige et dans la maison seigneurialle dudit lieu en Comenge, diocese de Lombez, Senechaussée de Tholoze, pardevant moy, notaire royal, soubzsigné constituée en sa personne damoyselle Françoise d'Esparbez et de Lussan, espouse de noble Guabriel de la Barthe, seigneur de la Maguerre, le presant lieu, Horgues, Tanquoet et autres places, laquelle a faict et constituée son procureur especial et general, scavoir est noble Jean George de Lamezan, sieur du Beserilh Illecq, present pour et au nom de la dite constituante s'acheminer dans la ville de Riumes et autres lieux ou besoin sera, et illecq estant consantir a la passation des pactes de mariage d'entre noble Philippe de la Barthe, sieur de la Hage, son filz, avec damoiselle Jeanne du Guerrier, et donner en faveur dudit mariage a son dit filz tous les biens a elle arrivés au moyen du decès de damoiselle Anne d'Aulin vivant, sa mère, par son testament du neufviesme mai mil six cens vingt cinq, par elle faict et tiré extrait dicelluy par Me Pierre Villeneufve, notaire, et de feu noble Philippe d'Esparbez et de Lussan, seigneur d'Aulin, son frère, par son testament du cinquiesme d'octobre mil six cens trente neufz, receu par Lacorne, notaire royal. Et ainsin la promis et juré, presens Me Pierre Montoussé, prêtre évangéliste, et Guilheaulme Tournan, Me chirurgien du présent lieu et Laimont habitans, soubzsignés avec lad. damoiselle et seigneur du Beserilh, a la cede du presant avec moy, Jean Galez, notaire royal du lieu de Laymont. Requis soubzsigné (signé) J. Galez.

# PREUVE N° 28

## Branche aînée *(Filiation directe)*

---

*Extrait des minutes des notaires de Longaiges et Laymond, dioceze de Lombes, sénéchaussée de Toulouse en Gascogne.*

---

18 octobre 1654 Contrat de mariage de noble Philippe de la Barthe, sieur de la Haige, fils de noble Gabriel de la Barthe, seigneur de La Maguère et autres places et de lui assisté, accordé le 18 octobre 1654 avec dlle Jeanne du Guerrier, fille du noble Pierre du Guerrier, seigneur de Beaufort et de dlle Marie de Saintes, mariés, lesquels en faveur dudit mariage luy constituent en dot la somme de 24,000 livres pour tous droits paternels et maternels. Et ledit seigneur de la Maguère père, en conséquence de ses pactes de mariage avec dlle Françoise d'Esparbez et de Lussan, du 17 octobre 1623 retenus par Mᵉ Gillède, notaire royal de Sainte-Marie, contenant donnation de la moitié de ses biens à l'un des enfants a naître dudit mariage, nomme ledit seigneur de la Haige, son fils, donnataire de la moitié de tous ses biens et l'émancippe. Et noble Jean-George de Lamezan, seigneur du Bezerilh, procédant au nom de ladite demoiselle d'Esparbez et de Lussan, femme dudit seigneur de la Maguère, en vertu de la procuration dudit jour 18 octobre 1654 retenue par Jean Galez, notaire royal de Laymont, constitue audit seigneur de la Haige, fils de ladite dlle, tous les biens à elle advenus par le décès de feue dlle Anne d'Aulin, sa mère et de feu noble Philippe d'Esparbes et de Lussan, seigneur d'Aulin, son frère, en conséquence du testament de ladite feue Anne d'Aulin, du 9 may 1625, retenu par Mᵉ Pierre Villeneufve, notaire dudit Riumes et du testament dudit feu seigneur d'Aulin du 5 octobre 1639, retenu par Lacome, notaire de Montamat et il est stipulé qu'en cas de viduité, ladite future jouirait d'une pension de 1000 liv. sur la place et seigneurie du Tanquoet et du château dudit Tanquoet. Ce contrat passé en la ville de Riumes, en la maison de Monsieur de Beaufort, en Rivière, dioceze de Lombes et sénéchaucée de Toulouse, devant Arnaud Cazedebat, notaire royal de Longaiges et ledit

Jean Galez, notaire royal de Laymont, en présence des nobles Odet de la Barthe, seigneur de Lassegan, Jean-François de la Barthe, seigneur de Campaigne, Nicolas d'Encause, seigneur d'Ambreilh, François de Lamezan, seigneur de la Barthe, Jean-François de la Barthe, seigneur de Horgues, Honoré de la Barthe, seigneur de Saint-Michel, Pierre de Gargas, Nicolas Mascaron, seigneur de Pocharramet, Me Jean Sabatteri, docteur en médecine, Pierre Cruquo, écuyer, Me Pierre Villeneufve, licencié es droitz et Jean Laisené, marchand et apoticaire.

A la suite est la ratification faite le 14 décembre 1654 par dlle Françoise d'Esparbes et de Lussan, épouse de noble Gabriel de la Barthe, seigneur de la Maguère, de la Haige et d'autres places, dudit contrat de mariage, passé entre noble Philippe de la Barthe, seigneur dudit lieu de la Haige, son fils aîné, et dlle Jeanne du Guerrier. Cet acte passé dans la maison seigneurialle dudit lieu dela Haige devant ledit Jean Galez, notoire royal du lieu de Laymond, en présence de Me Pierre Montorisse, prêtre évangéliste et Bernard Sainct Cricq, maître tailleur d'habits, habitans dudit lieu de la Haige.

# PREUVE N° 29

## Branche aînée *(Filiation directe)*

*Extrait des Minutes des Notaires de Tholose en Gascogne.*

17 may 1658 Transaction faite le 17 may 1658 entre noble Philippe de la Barthe sieur de la Hage, fils de noble Gabriel de la Barthe, seigneur de la Maguere, et autres places et de Dame Françoise d'Esparbes Lussan, mariés et héritiers d'Isabeau de la Barthe, sa sœur et François, Marguerite, Jeanne et autre Marguerite de la Barthe, frère et sœurs, assistés de noble Odet de la Barthe, sieur de Lassegan, leur oncle et curateur es causes d'autre, par laquelle comme par le contrat de mariage dudit noble Philippe de la Barthe avec demoiselle Jeanne du Guerrier, fille légitime et naturelle de noble Pierre du Guerrier, sieur de Beaufort et de demoiselle Marie de Saintes mariés, retenu par Cazedebat, notaire de Longaiges et Galez, notaire de Laymond, le 18 octobre 1654, ledit sieur de la Maguere avait élu et nommé ledit sieur Philippes de la Barthe, son fils, en la donnation de la moitié de ses biens par luy faite à un de ses masles par son contrat de mariage avec ladite demoiselle d'Esparbes Lussan retenu par Gillede, notaire de Sainete Marie le 17 octobre 1623 et ladite dame d'Esparbes de Lussan avoit fait donnation audit sieur leur fils, de tous les biens a elle advenus par le décès de demoiselle Anne d'Aulin sa mère et de feu noble Philippe d'Esparbes de Lussan, son frere et ce en consequence de leurs testamens, celui de ladite feue demoiselle d'Aulin du 9 may 1625 pris par Villeneuve notaire de Rieumes et celui dudit sieur d'Esparbes sieur d'Aulin par Lacomme notaire de Montamat le 15 octobre 1639 et étant nagueres ladite dame d'Esparbes de Lussan décedée et quelques jours apres ledit sieur de la Maguere ayant délaissé quatre filles et deux enfants, savoir ledit sieur de la Hage, François, Marguerite, Jeanne, autre Marguerite et Isabeau qui depuis s'était rendue religieuse au monastère Sainte Ursulle de la ville de Gimont et avoit deja disposé en faveur dudit sieur de la Hage, son frère,

de tous ses biens paternels et maternels par acte retenu par Cabanis, notaire dudit lieu de Gimont et d'autant que ledit feu sieur de la Maguere et ladite dame d'Esparbes, mariés, étoient décedés ab intestat ce qui avait fait que sur la liquidation des droits paternels et maternels desdits frères et sœurs il s'était meu divers differens entre eux, ledit sieur de la Hage pretendant qu'outre la moitié des biens du pere a luy donnés par ledit contrat de mariage il devoit prendre la somme de 12000 l. qu'il avoit reçus de la constitution de ladite demoiselle du Guerrier femme dudit sieur de la Hage comme aussi ce qui comptoit a ladite Isabeau des droits paternels et maternels et lesdits sieurs François de la Barthe, Marguerite, Jeanne et autre Marguerite de la Barthe disaient que ledit sieur de la Hage, leur frère, ne pouvoit pas prétendre payement desdits douze mil livres, puisqu'il résultoit par ses dicts pactes de mariage que c'était lui-même qui les avoit reçus et ainsi ils demandaient sans aucune distraction leurs portions desdits biens paternels et maternels qui consistoient en un douziesme pour chacun eu égard au nombre de six. Et comme ces portions se devoient prendre en corps hereditaire les parties ayant prévu que cette division leur était desavantageuse et qu'il était malaisé que lesdittes demoiselles pussent, avec du bien, se bien colloquer en mariage, elles avaient prié ledit sieur de la Hage, leur frere de leur payer leurs droits en deniers. Et pour connaître la valeur des biens delaissés par les père et mère, elles s'étaient transportées sur les terres de la Hage et Forgues qui étaient des biens du père et la Roquau et Garranet qui étaient de la mère laquelle avait d'ailleurs de constitution la somme de 27000 l. suivant leur contrat de mariage dudit jour 17 octobre 1623. Il est acordé qu'en faveur de ce que ledit sieur de la Hage, se charge de tous les biens et droits paternels et maternels, lesdits sieur François de la Barthe, Marguerite, Jeanne et autre Marguerite de Labarthe, cèdent à leur dit frère toutes leurs parts desdits biens parternels et maternels, et ce moyennant la somme de 8000 l. que ledit sieur de la Hage promet payer à chacun d'eux savoir audit sieur François de la Barthe dès qu'il auroit parfait sa 25e année et auxdites Marguerite, Jeanne et autre Marguerite lorsqu'elles seraient placées à mariage ou qu'elles seraient majeures de 25 ans outre laquelle somme de 8000 l. il serait tenu de payer audit Sr de la Barthe son frère la somme de 1000 l. dans le même délai pour le legat fait tant à lui qu'auxdites demoiselles Marguerite, Jeanne et autre Marguerite, par ladite Isabeau religieuse. Et pour plus grande sûreté dudit principal ledit sieur de la Hage leur affecte le prix de la vente qu'il étoit d'accord de faire au sieur de la Raffinie de la terre de Roquau moyennant la somme de 55000 l. Cet acte passé à Tholose dans le parloir des dames religieuses du tiers ordre devant Antoine Bessier notaire royal audit Tholose en presence de Jean Gaubert praticien et Jean Segaux praticien.

# PREUVE N° 30

## Branche aînée *(Filiation directe)*

*Archives de la Gironde*

9 juin 1752 Entre Mᵉ Jacques Lucinet juge de Puymiclan, apellant d'une sentence rendue par le Sénéchal d'Agen, du neuf juin mille sept cent cinquante deux à ces fins demandeur l'enterinement des conclusions par luy prises dans sa requette du seize mars dernier, tendente a ce que faisant droit de son apel de déclarer ledit Labarthe père, mal fondé dans les lettres en restitution par lui impétrées le dix février mille sept cens cinquante un contre la police entre eux passée le vingt sept octobre mille sept cens cinquante, en conséquence sans s'arrester à l'intervension et conclusions du sieur Henry César Barbe de Labarthe fils dont il sera déboutté, ordonner que ladite police sortira son plain et entier effect d'une part

Et tant Silvain Barbe de Labarthe, ancien conseiller du Roy, secrétaire de la Cour, que noble Henry Cesar de Labarthe sieur de St Loubert, père et fils, intimés et deffendeurs d'autre part.

Veu le procès la sentence dont est apel avec les pieces mansionnées au veu d'icelle du 9 juin 1752 ayant au pied la signiffication d'icelle faitte au procureur dudit Lucinet portant sa réponse en appel du 29 du mois de novembre audit an, acte de sommation fait a la requette desdits sieurs de Labarthe audit Lucinet pour qu'il eût à déclarer s'il adheret à l'apel fait par son procureur du 29 janvier 1753, lettres d'enticipation prises par lesdits sieurs de Labarthe en la Chancellerie près de la Cour et l'exploit d'assignation donné en conséquence audit Lucinet pour proceder sur son appel des 24 et 26 fevrier 1753, requête desdits Labarthe portant leurs conclusions à la confirmation de la ditte sentence du 5 juillet audit an, arrest de conclusion du 3 aoust suivant, requête du sieur Lucinet contenant ses griefs et couclusions répondue de l'ordonnance de joint du 16 mars 1754, requette desdits Labarthe portant leurs reponces du 31 juillet dernier et l'acte à droit du 1ᵉʳ décembre 1753 et la quittance de l'amande consignée par lesdits sieurs de Labarthe du 6 aoust audit an 1753 et autres pieces et production des parties, ensemble la procédure decretable des biens des demoiselles Bouix à laquelle lesdits sieurs Labarthe père avoit été subrogés en un sacq par eux produit pour justifier des faits par eux alégués.

Il sera dit que la Cour faisant droit aux parties a mis et met l'apel interjetté par ledit Lucinet de la sentence rendue par le sénéchal d'Agen du neuf juin mille sept cens cinquante deux et ce dont a été appelé au néant émandant a debouté et déboute ledit Labarthe, père, des lettres eu restitution par lui impétrées le dix février mille sept cens cinquante un, contre la police passée entre luy et ledit Lucinet le vingt sept octobre mille sept cens cinquante, et de toutes les conclusions prises au procès, tant par luy que par ledit Labarthe son fils, en conséquence ordonne que la police dudit jour vingt sept octobre mille sept cens cinquante sera exécutée selon sa forme et teneur, condemne lesdits Labarthe aux depens chacun les concernant faits tant au Sénéchal qu'en la Cour envers ledit Lucinet, fait main levée de l'amande.

Loret ; Meslon, raporteur du vingt deux aoust mille sept cens cinquante quatre.

Epices quarante écus.

Extrait des arrêts du Parlement de Guienne conservés aux Archives de la Gironde, liasse cotée provisoirement B 1400.

Bordeaux le 9 octobre 1897.

Certifié exact par l'archiviste du département.

(Signé : Illisible.)

Vu pour expédition

*Le Secrétaire géneral*,

(Signé : Illisible.)

# PREUVE N° 31

## Branche aînée *(Filiation directe)*

*Extrait des registres de baptême de la paroisse de Saint-Barthélemy, canton de Seyches, arrondissement de Marmande, département de Lot-et-Garonne.*

Baptême de Charles François Barbe de Labarthe

27 janvier 1754

Le vingt sept du mois de Janvier de l'année mil sept cens cinquante quatre est né Charles François Barbe de Labarthe, fils naturel et légitime de noble Henri César de Labarthe écuyer, sieur de St Loubert et de dame Marie Traversac de Montardit, et a été baptisé le vingt neuvieme du même mois et an que dessus. Son parrein a été Monsieur François Charles Duverrier habitant de la paroisse de Gontaud et la marreine dame Marthe de Traversac Despeyrous habitante de cette paroisse. Présents les soussignés : Guilloutet vicaire, Duverrier parrein, Montardite Despeyrous, Marie Despeyrous.

Pour copie conforme :
Le Maire,
J.-C. Marboutin,
Conseiller Municipal.

# PREUVE N° 32

## Branche aînée *(Filiation directe)*

De La Barthe

Gascogne

Grande Ecurie 1778

Preuves de la noblesse de Jean François Marie de la Barthe agréé

1er Degré

Produisant

Jean François [arie de la Barthe

1763

Extrait des registres de la Paroisse de Gariés au diocèse de Montauban portant que Jean François Marie de La Barthe fils de noble Messire François Leonard de La Barthe Capitaine au régiment de Medoc et Chevalier de l'Ordre militaire de St-Louis et de Dame Anne de Roques mariés, naquit et fut baptisé le 3e de Juillet 1763. Cet extrait délivré le 1er de Mars 1778 par le sieur de Girets curé de Gariés est légalisé.

*D'or à 4 pals de gueules écartelé d'azur à 3 flammes d'or mouvantes de la pointe de l'Ecu.*

---

IIe Degré

Père et Mère

François Leonard e La Barthe de Colomé Anne de Roques sa femme

1760

Contrat de mariage de Messire François Leonard de la Barthe du Colomé Ecuyer Capitaine au réginent de Medoc Infanterie fils de Messire François de la Barthe du Colomé Ecuyer et de feue dame Marie de Solle accordé le 26 décembre 1760 avec demoiselle Anne de Roques. Ce contrat passé devant Jean Phœbus Hugueny notaire.

Extrait des registres de batêmes de la paroisse de la Roque Ordan diocese d'Auch portant que François Leonard de la Barthe fils de noble François de la Barthe et de dame Marie de Solle naquit le 14 et fut batisé le 16 may 1722. Cet extrait délivré le 15 février 1777 par le sieur Martin curé de la Roque Ordan est legalisé.

---

IIIe Degré

Ayeul

Contrat de mariage de noble François de la Barthe sieur du Colomé fils de feu noble Philippe de la Barthe sieur du Colomé et de dame Bernarde de Laval, accordé le 3 mars 1718 avec demoiselle Marie de Solle. Ce

François de LaBarthe s^r du Coulomé Marie de Solle sa femme

1718

contrat passé devant Pague notaire royal et expédié en 1770 par Paris notaire royal acquereur de l'office dudit Pague.

Extrait des Registres de batême de l'Eglise Metropolitaine de Ste Marie d'Auch portant que François de la Barthe fils de noble Philippe de la Barthe sieur du Coulomé et de demoiselle Bernarde de Laval mariés naquit le 21 mars 1696 et fut batisé le lendemain. Cet extrait delivré le 13 février 1777 par le sieur Souqueres vicaire de laditte paroisse et légalisé.

---

IV^e Degré

Bisayeul

Philippe de La Barthe s^r du Coulomé Bernarde de Laval sa femme

1692

Article de mariage de noble Philippe de la Barthe sieur du Coulomé fils de noble François de la Barthe ecuyer et de demoiselle Henri de Fleurian arrestés sous seings privés le 19 septembre 1692 avec demoiselle Bernarde de Laval. Ces articles signés le Coulomé, *Coulomé*, Anrie de Fleurian, Bernarde de Laval.

Jugement rendu le 15 may 1700 par M^e le Gendre de Lormoy Intendant de Montauban par lequel vu les titres representés par noble Philippe de la Barthe sieur de Horgues et de demoiselle Henriette de Fleurian il le maintient et garde en la qualité de noble, ce jugement signé le Gendre.

---

V^e Degré

Trisayeul

François de La Barthe de la Maguere. Henrye de Fleurian sa femme.

1664

Contrat pe mariage de noble François de la Barthe de la Maguere accordé le 29 octobre 1664 avec demoiselle Henrye de Fleurian dame de Marsillan et du Coulomé. Ce contrat passé devant Jean d'Esperon notaire royal.

Transaction faite le 17 mars 1658 entre noble Philippe de la Barthe sieur de la Hage et François, Marguerite, Jeanne et autre Marguerite de la Barthe freres et sœurs sur leurs droits dans les successions de noble Gabriel de la Barthe seigneur de la Maguere et dame Françoise d'Esparbès Lussan mariés leur père et mère. Cet acte passé devant Antoine Bessier notaire royal.

Extrait des registres des batêmes de la paroisse de Horgues et de la Fage son annexe portant que François de la Barthe fils de noble Gabriel seigneur de la Fage, la Maguere et autres lieux et de demoiselle Francoise de Lussan fut batisé le 18 avril 1635. Cet extrait délivré le 8 décembre 1663 par le sieur David curé de Horgues.

---

VI^e Degré

IV^e Ayeul

Gabriel de la Barthe sieur de la

Contrat de mariage de Gabriel de la Barthe sieur de la Maguere fils de noble Philippe de la Barthe sieur de Lassegan assisté de demoiselle Catherine de Touges son ayeule maternelle dame de Murviel et de la Hage accordé le 17 cctobre 1623 avec demoiselle Françoise d'Esparbès de Lussan. Ce contrat passé devant Bertrand Gellede notaire royal.

Maguère et Françoise d'Esparbès de Lussan

1623-1630

Transaction faite le 11 septembre 1630 entre demoiselle Catherine de Murviel et noble Gabriel de la Barthe seigneur de la Maguere fils aîné de noble Philippe de la Barthe seigneur de Lassegan et de demoiselle Marthe de Murviel par bénéfice d'inventaire de dame Catherine de Touges dame de la Hage sa grand mere. Cet acte passé devant le sieur Vernis notaire royal.

---

VII^e Degré

V^e Ayeul

Philippe de La Barthe seigneur de Lassegan
Marthe de Murviel sa femme

1592-1546

Contrat de mariage de noble Philippe de la Barthe sgr. de Lassegan accordé le 8 juin 1592 avec Dlle Marthe de Murviel. Ce contrat reçu par Aymar du Jarric notaire royal.

Acord fait le 18 novembre 1596 entre noble Philippe de la Barthe sieur de Lassegan fils aîné legitime et naturel de feu noble Carbon de la Barthe sieur de Lassegan Chevalier de l'Ordre du Roy et noble Jean de la Barthe son frere sur les droits dudit Jean de la Barthe dans les successions dudit feu Carbon de la Barthe leur pere et de feue noble Suprême de Roquelaure leur mere. Cet acte passé devant Dominique Girard notaire royal et espédié en 1666 par Deupes notaire royal sur le registre dudit Girard notaire.

Accord fait le 6 Fevrier 1561 entre noble Carbon de la Barthe fils aîné de noble Philippe de la Barthe seigneur de Lassegan et fondé de la procuration de son dit père et demoiselle Isabel de Vize veuve de noble François de la Barthe frère dudit Carbon de la Barthe. Cet acte passé devant Bernard de Bousin, notaire royal.

Acord fait le 6 mars 1546 entre noble Philippe de la Barthe seigneur de Lassegan et noble Pierre de la Barthe capitaine de Tholon sur la mer en Provence, frères, sur l'exécution du testament de feu noble Arnauld Guillaume de la Barthe seigneur de Lassegan leur père. Cet acte reçu par Geraud Brugeles notaire royal.

---

Certifié au Roy par Nous Denis Louis d'Hozier.
A Paris le trente may mil sept cent soixante dix huit.

d'Hozier.

# PREUVE N° 33

## Branche aînée *(Filiation directe)*

---

*Extrait des Registres des Actes de Mariages de la Commune de Saint-Barthélemy, canton de Seyches, Arrondissement de Marmande, département de Lot-et-Garonne.*

---

Mariage de noble Henri César de Labarthe et Dlle Marie de Montardit Traversat de Lacoste

24 février 1743

Le 24 février mil sept cent quarante trois, après les publications des bancs de mariage entre noble Henri César de Labarthe écuyer et demoiselle Marie de Montardit Traversat de Lacoste de cette paroisse ; vu le certificat du curé de Duras dont est paroissien ledit Sieur de Labarthe, n'ayant découvert aucun empêchement civil ni canonique ; je soussigné leur ay imparti la bénédiction nuptiale. Présents : Henri César de Labarthe époux, Marie Traversat, Calival de Londies, Lagrange de Besse, Despeyron, Donnadieu, Papillion, Perron vicaire.

Pour copie conforme,
Le Maire
JN. CR. MARBOUTIN
Conseiller municipal.

# PREUVE N° 34

## Branche aînée *(Filiation directe)*

*Extrait des Registres de l'Etat-Civil de la commune de Monptezat.*

Mariage de M. Michel de Barbe de La Barthe St Loubert et de Dlle Henriette de Sarrazi

8 octobre 1776

Après avoir proclamé pendant trois dimanches consécutifs les bancs de mariage à contracter entre M. noble Michel de Barbe de Labarthe St-Loubert écuyer et demoiselle Henriette de Sarrasi sans qu'il soit venu à notre connaissance aucun empêchement civil ni canonique et les parties s'étant disposées à la réception du sacrement de mariage par ceux de Pénitence et d'Eucharistie comme il nous apparaît par le certificat de M. Savignac vicaire de Saint-Barthélemy de la Perche paroisse de l'époux, Je soussigné prêtre et vicaire de Montpezat leur ai imparti la bénédiction nuptiale ce jourd'hui huit octobre dans cette église en présence de MM. Philippe Garrigues négociant, Pierre Martinau bourgeois, Clément Teissié bourgeois et Pierre Martinau aussi bourgeois qui ont signé avec l'époux, l'épouse et autres. Ont signé au registre M. Michel de Barbe de Labarthe Saint-Loubert, Henriette de Sarrasi épouse, Garrigues, Martinau, Teissié, Martinau, Sarrasi père, Lormaud de Bellile chevalier de Saint-Louis, Louis Joseph, Françoise Hébrat, Delpech prêtre et vicaire.

Pour copie conforme
Montpezat le 15 mars 1886
Le Maire
J. Dellenux-Déjean.

# PREUVE N° 35

## Branche aînée *(Filiation directe)*

*Extrait des Registres de l'Etat-Civil de la commune de Montpezat.*

Naissance de atoine de Barbe de La Barthe St-Loubert

21 août 1777

Ce vingt-unième jour du mois d'août de la présente année mil sept cent soixante dix-sept est né Antoine de Barbe de Labarthe Saint-Loubert fils légitime de Michel de Barbe de Labarthe Saint-Loubert et de dame Françoise Henriette de Sarrasi et fut baptisé le vingt deux du même mois et an.

Parrain sieur Antoine de Barbe Labarthe Saint-Loubert frère du père et marraine Antoinette Garrigue de Sarrazi mère de l'accouchée ; parrain et marraine qui ont signé avec moi.

Ont signé au registre : MM. de Labarthe Saint-Loubert parrain, Malaure prêtre et vicaire et Antoinette Garrigue de Sarrasi marraine.

Pour copie conforme
Montpezat le 15 mars 1886
Le Maire
J. Dellenux-Déjean.

# PREUVE N° 36

## Branche aînée *(Filiation directe)*

---

*Extrait des Registres de l'Etat-civil de la commune de Duras (Lot-et Garonne).*

---

Décès de
erre de Labarthe

15 août 1788

Le 15 aout 1783 est décédé Pierre de Labarthe, fils légitime de Monsieur de Labarthe écuyer et de dame Marie Jouber de Labarthe, fut inhumé le lendemain dans le Cimetière de Duras par moy Chambon curé.

Pour copie conforme

*Duras le 12 octobre 1897.*

Le Maire,

CHEVALLIER

# PREUVE N° 37

## Branche aînée *(Filiation directe)*

*Extrait des Registres de l'Etat Civil de la Commune de Duras (Lot-et-Garonne.)*

Baptême de Françoise Labarthe

8 septembre 1785

Aujourd'huy ce huitième septembre mil sept cent quatre vingt cinq a été baptisée Françoise Labarthe, fille légitime de sieur Antoine Labarthe, bourgeois et de demoiselle Marie Joubert mariés, née du même jour. Elle a eu pour parrain Pierre Mathias et pour marraine Françoise Coculé, en présence d'Antoine Hubert, garçon cordonnier et de Pierre Buge brassier. Antoine Hubert a signé, non l'autre témoin ni le parrain ni marraine pour ne savoir, de ce requis par moy.

*Signés* : Huber et Fray vicaire de Duras

Pour copie conforme :

*Duras, le 12 octobre 1897.*

Le Maire,

CHEVALLIER.

# PREUVE N° 38

## Branche aînée *(Filiation directe)*

*Extrait des Registres des actes de l'Etat-Civil de la Commune de Saint-Barthélemy canton de Seyches, arrondissement de Marmande Département de Lot-et-Garonne.*

Décès de Michel Labarthe St-Loubert — 9 décembre 1806

L'an mil huit cent six et le dix décembre par devant nous Maire officier public de la commune de Saint-Barthélemy, sont comparus Barthélemy Armand meunier, voisin du défunt et Jean Gondellon cultivateur métayer du défunt. Lesquels nous ont déclaré que Monsieur Michel Labarthe St Loubert mari de dame Henriete Sarrazy fils de défunt Henri Cesar Labarthe St-Loubert et de dame Marie Traversat Montardy, âgé de cinquante cinq ans trois mois est décédé le neuf du courant à sept heures du soir au lieu de Latapi en cette commune et n'ont signé pour ne savoir.

*Signé*: Sœaud.

Pour copie conforme :

Le Maire,

Jn. Co. Marboutin.

*Conseiller Municipal*

# PREUVE N° 39

## Branche aînée *(Filiation directe)*

*Extrait du Registre des actes de l'état civil de la Mairie de la ville de Bordeaux Département de la Gironde.*

Mariage de Antoine Barbe et de e Suzanne Barbe

27 mai 1809

Le vingt sept mai mil huit cent neuf à l'heure de midi, par devant nous, adjoint du Maire de la ville de Bordeaux, délégué pour remplir les fonctions d'officier de l'Etat civil, ont comparu en l'Hôtel de Ville pour être unis par le mariage, d'une part, Monsieur Antoine Barbe, âgé de trente un ans et dix mois natif de Montpezat, département de Lot et Garonne, docteur en medecine demeurant avec sa mère à St Barthélemy, même département, fils de feu sieur Michel Barbe Labarthe de St-Loubert décédé audit St-Barthélemy et de dame Françoise Henriette Sarrazi. Et Mademoiselle, Suzanne Barbe, âgée de vingt deux ans et onze mois, native de Saint-Magne, département de la Gironde, demeurant avec ses père et mère à Bordeaux rue des Menuts 54, fille de Monsieur Jean Silvain Barbe de Labarthe, ancien magistrat membre du Collège Electoral du département de la Gironde, du Conseil général d'Icelui et Président du Canton du sixième arrondissement de Bordeaux, et de dame Suzanne Bonneau, d'autre part. Lesquels procèdent comme majeurs, le premier du consentement de sa mère, suivant la procuration du vingt novembre dernier, passée devant Me Joly notaire à St-Barthélemy, donnée à Monsieur Jean Baptiste Antoine Lamothe propriétaire, demeurant à Croignon, département de la Gironde, ici present et consentant au nom qu'il agit. Ladite procuration annexée au contrat de mariage retenu le vingt huit février dernier par le sieur Escudey notaire à Baron (Gironde) extrait duquel contrat mentionnant ladite procuration nous a été remis par le futur époux et la dernière du consentement de ses père et mère, le père ici-présent. En conséquence ils nous requièrent de procéder à la célébration de leur mariage dont les publications ont été faites les trente avril dernier et sept du courant devant la principale porte de la maison Commune de St-Barthélemy et les sept et quatorze du courant devant celle de l'Hôtel de Ville de Bordeaux aux termes de la loi. Sur quoi faisant droit à leur réquisition et attendu qu'il ne nous a été signifié aucune opposition, après avoir donné, aux parties et aux personnes qui les assistaient, lecture des pièces ci-dessus mentionnées et du chapitre six du titre cinq du Code civil, nous avons reçu des Contractants, l'un après l'autre, la déclaration qu'ils veulent se prendre pour époux, et avons prononcé publiquement, au nom de la loi, que Monsieur Antoine Barbe et Mademoiselle Suzanne Barbe sont unis en mariage. Dont acte fait en présence des sieurs Etienne Delong, âgé de cinquante un ans, propriétaire Chemin de Toulouse 87, Mathieu Dirouard, âgé de soixante neuf ans, ex-négociant Chemin de Médoc 198 et Jean Baptiste Modeste Couronne âgé de quarante huit ans propriétaire, rue Dieu N° 5, Jean Joseph Victor Rey, âgé de quarante quatre ans, propriétaire colon rue du Hâ N° 7, Lecture faite du présent, les époux, le procureur fondé, le père de l'époux et les témoins ont signé avec nous.

Signé au registre : Barbe époux, Suzanne de Barbe épouse, Jean Silvain Barbe père, Sr Lamothe audit nom, Couronne, M. Dirouard, Rey, E. Delong et Mathieu, adjoints du Maire.

Pour extrait conforme au registre, délivré en l'Hôtel de Ville de Bordeaux le neuf Juin mil huit cent quatre vingt treize.

L'Adjoint du Maire,

DELONG.

# PREUVE N° 40

## Branche aînée *(Filiation directe)*

---

*Extrait du Registre des actes de l'Etat civil de la Commune de St-Léger de Lignague Canton de Sauveterre (Gironde).*

---

**Naissance de Barbe Jean Silvain**

23 avril 1810

L'an mil huit cent dix et le vingt quatre du mois d'avril à dix heures du matin par devant nous maire officier de l'état civil de la Commune de St-Léger Canton de Sauveterre (Gironde) a comparu Catherine Giraud âgée de vingt neuf ans servante à Madaillan laquelle nous a présenté un enfant du sexe masculin né le vingt trois avril à dix heures du soir, de moi déclarant et de Madame Suzanne de Barbe née de Barbe mon épouse et auquel elle a déclaré vouloir donner les prénoms de Jean Silvain.

Les dites présentation et déclaration faites en présence de Jean Saget domestique à Madaillan âgé de vingt cinq ans et de Jean Gaussens aussi domestique à Madaillan âgé de vingt un ans et ont les père et témoins signé avec nous le présent acte de naissance, après qu'il leur en a été fait lecture outre Jean Saget qui a déclaré ne savoir.

Ont signé au registre : Gaussens témoin, de Barbe père, maire de la commune.

Pour extrait conforme
*St-Léger le 4 Juin 1893*
Le Maire
CASTAING.

# PREUVE N° 41

## Branche aînée *(Filiation directe)*

---

*Extrait des registres des actes de l'état-civil de la mairie de la ville de Bordeaux, département de la Gironde.*

---

Décès de de Barbe Antoine

5 juin 1843

Le six Juin mil huit cent quarante trois à douze heures du jour par devant nous, Adjoint du Maire de la ville de Bordeaux, délégué pour remplir les fonctions d'officier de l'Etat-Civil, ont comparu les sieurs Jean Jacques Barbe Juge au Tribunal Civil de Bordeaux, demeurant rue des petites Carmelites N° 3, et Jean Mirambeau horloger, rue du Mirail N° 4, témoins majeurs, lesquels nous ont déclaré que Antoine de Barbe âgé de soixante neuf ans, natif de Montpezat (Lot-et-Garonne), Docteur en Médecine, époux de Suzanne de Barbe fils de défunts Michel de Barbe de Labarthe et de dame Henriette de Garigue de Sarrazi, son épouse, est décédé hier soir à quatre heures rue du Mirail N° 41. Lecture faite du présent les témoins ont signé avec nous.

Signé au Registre : J. J. Barbe, Mirambeau et J. Dufourg, adjoint du Maire.

Pour extrait conforme au Registre, délivré en l'Hôtel de Ville de Bordeaux, le neuf Juin mil huit cent quatre vingt treize.

L'adjoint du Maire

DUBOSC.

# PREUVE N° 42

## Branche aînée *(Filiation directe)*

*Extrait des registres des actes de l'état civil de la ville de Chaumes.*

---

épartement de
Seine-et-Marne

rondissement de
Melun

Naissance de
rie Amable An-
ony de Barbe

) janvier 1856

D'un Jugement du Tribunal civil de Melun en date du 24 décembre 1857, ordonnant le retablissement des Registres de la Commune de Chaumes, détruits par incendie, il résulte en ce qui concerne les actes de naissance Primo, que le neuf Janvier mil huit cent cinquante six est né à Chaumes du légitime mariage d'entre le Sieur Jean Sylvain de Barbe, docteur en médecine âgé de quarante six ans, et Louise Clémence Pigalle son épouse, âgée de trente six ans, tous deux demeurant à Chaumes, un enfant du sexe masculin auquel il a donné les prénoms et noms de Marie Amable Antony de Barbe. Les témoins de la déclaration du Maire ont été le Sieur de Barbe père de l'enfant et les sieurs Michel Landais âgé de soixante dix sept ans, proprietaire et Henry Benjamin Guyot âgé de trente huit ans percepteur tous deux demeurant à Chaumes ce qui a été attesté par les témoins entendus à l'enquête, numéros, quatre, six, vingt-six, déposition cinquante-cinq, cinquante sept, quatre-vingt quatorze.

Pour extrait conforme
Chaumes le 26 octobre 1897.
Le Maire
*Signé* : MARTIN.

Vu par nous juge paix du canton Tournan pour légalisation de la signature de M. Mar-, maire de la ville Chaume apposée dessus.
Tournan le 27 octobre 1897.
DUBOSC.

# PREUVE N° 43

## Branche aînée *(Rameau cadet)*

*Extrait des registres de baptême de la paroisse de Saint-Barthélemy, canton de Seyches. Arrondissement de Marmande, département de Lot-et-Garonne.*

Naissance de hilippe de Barbe de Labarthe

3 septembre 1780

Philippe Barbe Labarthe fils légitime de Monsieur Michel de Barbe de Labarthe ecuyer et de dame Henriette Garigue de Sarrazi de cette ville, est né le vingt six septembre mille sept cens quatre-vingt et a été baptisé le lendemain. Parrein a été Etienne Broussacqui a tenu pour Monsieur Philippe Garrigue, grand père de l'enfant, et marreine Catherine Beyly qui a tenu pour demoiselle Jeanne Canierge. Le parrein et la marreine n'ont signé pour ne savoir de ce requis par moy.

*A Signé* : Magnac, vicaire.

Pour copie conforme :

Le Maire,

Jn. Co. Marboutin.

*Conseiller Municipal.*

# PREUVE N° 44

## Branche aînée *(Rameau cadet)*

---

*Extrait des Registres des actes de l'Etat-Civil des naissances de la Commune de St-Barthélemy, canton de Seyches, Arrondissement de Marmande, département de Lot-et-Garonne.*

---

Naissance de Barbe de St Loubert Jean Baptiste

13 juin 1823

L'an mil huit cent vingt trois et le quatorze du mois de juin à neuf heures du matin par devant nous Pierre Alfred de Chadois maire officier de l'état-civil de la commune de Saint Barthélemy canton de Seyches, département de Lot-et-Garonne, est comparu Monsieur Etienne Barbe de St-Loubert âgé de quarante ans propriétaire demeurant au faubourg de la dite ville lequel nous a présenté un enfant du sexe masculin né hier treize du courant à sept heures du soir de lui déclarant et de dame Anne Mazeau son épouse et auquel il a déclaré vouloir donner les prénoms de Jean Baptiste. Les dites déclarations faites en présence de Joseph Guilhot âgé de quarante six ans et Pierre Célestin Roques âgé de trente neuf ans demeurant en cette ville, et ont le père et les témoins signé avec nous le présent acte de naissance après que la lecture leur en a été faite.

Ont signé au Registre: Barbe de St-Loubert, Guilhot, Célestin Roques et Alfred de Chadois maire.

Pour copie conforme:
*St Barthélemy, le 20 octobre 1897*
Le Maire,
LAFONTAN.

# PREUVE N° 45

## Branche aînée *(Rameau cadet)*

*Extrait des Registres des actes de l'état civil des naissances de la Commune de Saint Barthélemy canton de Seyches, arrondissement de Marmande, département de Lot-et-Garonne.*

Naissance de Barbe de St Loubert Jean Dominique

3 juin 1826

L'an mil huit cent vingt six et le quatrième jour du mois de Juin à dix heures du matin Par devant nous maire, officier de l'état-civil de la ville et commune de Saint Barthélemy, canton de Seyches, département de Lot-et-Garonne, est comparu Monsieur Philippe Barbe de St-Loubert âgé de quarante cinq ans propriétaire, demeurant au faubourg de cette ville, lequel nous a présenté un enfant du sexe masculin né hier trois du courant à dix heures du soir de lui déclarant et de dame Anne Mazeau son epouse et auquel il a déclaré vouloir donner les prénoms de Jean Dominique. Lesdites déclaration et présentation faites en présence de Jean Arnaud âgé de trente ans marchand et Bertrand Thimothée Girou âgé de vingt ans aussi marchand, demeurants audit faubourg de cette ville et ont le père et les témoins signé avec nous le présent acte de naissance après qu'il leur en a été fait lecture.

Ont signé au Registre : Barbe de St-Loubert, Girou, Arnaud et Alfred de Chadois Maire.

Pour copie conforme :
*St-Barthélemy, le 20 octobre 1897*
Le Maire,
LAFONTAN.

# PREUVE N° 46

## Branche aînée *(Rameau cadet)*

---

*Extrait des Registres des actes de l'Etat-civil des naissances de la Commune de St-Barthélemy canton de Seyches, arrondissement de Marmande, département de Lot et Garonne.*

---

Naissance de arbe de St Loubert Jean Joseph arguerite Nelson

2 juin 1829

L'an mil huit huit cent vingt neuf et le trois du mois de Juin à onze heures du matin par devant nous Pierre Vincent docteur en medecine adjoint officier de l'état-civil de la ville et commune de Saint-Barthélemy, canton de Seyches, département de Lot-et-Garonne, est comparu Monsieur Philippe Barbe de Saint-Loubert âgé de qurante huit ans propriétaire demeurant au foubourg de cette ville lequel nous a présenté un enfant du sexe masculin né hier deux du courant à neuf heures du soir de lui déclarant et de dame Anne Mazeau son épouse et auquel il a déclaré vouloir donner les prénoms de Jean Joseph Marguerite Nelson. Les dites déclaration et présentation faites en présence de Messieurs Pierre Tessier âgé de soixante quatre ans, propriétaire et Guillaume de Chadois âgé de cinquante ans, propriétaire demeurants en cette ville et ont signé avec nous le présent acte de naissance après que lecture leur en a été faite. Ont signé au registre : Philippe Barbe de St-Loubert, Tessier, Guillaume de Chadois et P. Vincent Maire.

Pour copie conforme :
*St-Barthélemy, le 20 octobre 1897*
Le Maire,
LAFONTAN.

# PREUVE N° 47

## Branche aînée *(Rameau cadet)*

---

*Extrait des Registres et des actes de l'Etat-civil de la commune de Saint-Barthélemy canton de Seyches, arrondissement de Marmande, département de Lot-et-Garonne.*

---

Décès de Barbe de St Loubert Philippe

24 avril 1845

L'an mil huit cent quarante cinq le vingt quatre avril à midi, en l'hôtel de la Mairie par devant nous Jean Joseph Gustave Vivie adjoint à la Mairie de la ville et commune de Saint Barthélemy délégué par Monsieur le Maire pour remplir les fonctions d'officier de l'état-civil ; sont comparus Messieurs Jacques Granchant juge de paix du canton de Seyches âgé de soixante sept ans et Jean Lapeyre notaire âgé de quarante six ans demeurant l'un et l'autre au faubourg de cette ville voisins du défunt ; lesquels nous ont déclaré que Monsieur Etienne Philippe Barbe de St-Loubert, propriétaire, militaire en retraite âgé de soixante quatre ans marié avec dame Anne Mazeau fils légitime de défunts Monsieur Michel Barbe de St-Loubert et de dame Henriette Sarrazy, né en cette ville et décédé ce matin vers six heures dans son domicile sis audit faubourg. Les comparans ont signé avec nous le present acte, après que lecture leur en a été faite.

Ont signé au registre : Granchant, Lapeyre et G. Vivie adjoint.

Pour copie conforme :

*St Barthélemy, le 20 octobre 1897*

Le Maire,

Jn. Co. MARBOUTIN

Conseiller Municipal.

# PREUVE N° 48

## Branche aînée *(Rameau cadet)*

*Extrait des Registres de l'Etat-civil de la commune de Seyches (Lot-et-Garonne).*

Mariage de M. Barbe de St Loubert Antoine et Mlle Martin Catherine Clarice.

14 juillet 1845

L'an mil huit cent quarante cinq et le quatorze du mois de Juillet à dix heures du matin par devant nous Jean Baptiste Mazeau, maire et officier de l'état-civil de la commune de Seyches, chef-lieu de canton, département de Lot-et-Garonne, sont comparus en notre maison commune, M. Antoine Barbe de Saint Loubert, propriétaire âgé de vingt-quatre ans, né dans la commune de Saint-Barthélemy le vingt neuf juin mil huit cent vingt un, ainsi qu'il est constaté par son acte de naissance délivré à la mairie de Saint-Barthélemy le cinq de ce mois, fils majeur et légitime de feu Barbe de Saint Loubert Etienne Philippe, décédé à Saint Barthélemy le vingt quatre avril mil huit cent quarante cinq ainsi qu'il résulte de son acte de décès délivré à la susdite mairie de Saint Barthélemy le cinq de ce mois, et de Dame Anne Mazeau avec laquelle il demeure dans laditte commune de Saint Barthélemy ici présente et consentante d'une part ; et Mlle Catherine Clarice Martin sans profession âgée de vingt deux ans née dans la commune de Seyches, le vingt quatre août mil huit cent vingt deux ainsi qu'il résulte de son acte de naissance déposé aux archives de cette mairie, fille majeure et légitime de M. Remy Martin notaire et de dame Marie Félicité Marlardeau avec lesquels elle demeure au chef lieu de la commune de Seyches, ici présents et consentants d'autre part. Lesquels nous ayant requis de procéder à la célébration du mariage projeté entre eux, dont les publications ont été faites, savoir : la première le vingt deux Juin dernier a dix heures du matin devant la principale porte d'entrée de notre maison commune, et la seconde le vingt-neuf Juin, aux mêmes lieux et heures que dessus et dans la commune de Saint Barthélemy, domicile de l'époux, les mêmes jours mois et an que dessus. Aucune oppposition audit mariage ne nous ayant été signifiée, faisant droit à leur réquisition et après avoir donné lecture de toutes les pièces ci-dessus mentionnées et du chapitre VI• du code civil intitulé du mariage, avons demandé aux futurs époux s'ils veulent se prendre pour mari et pour femme ; chacun d'eux ayant répondu séparément et affirmativement déclarons au nom de la loi que M. Antoine Barbe de Saint-Loubert et Mlle Catherine Clarice Martin sont unis par le mariage. De tout quoi avons dressé acte en présence de MM. Antoine de Jammes Dumouriez secrétaire âgé de vingt trois ans, Mazeau Gabriel receveur de l'enregistrement âgé de quarante deux ans, Dariscou Raymond percepteur âgé de quarante cinq ans et François Batbie docteur en médecine âgé de vingt neuf ans, tous les quatre domiciliés dans cette commune, témoins qui ont signé avec nous, l'époux et l'épouse de même que les pères et mères des époux après lecture faite dudit acte.

Signé au registre : Clarice Martin épouse, Saint-Loubert époux, veuve de Saint-Loubert née Mazeau, Ch. Martin, Martin née Marlardeau, N. de Jammes Dumouries, Mazeau, A. Batbie, C. Dariscou, Jn. Mazeau.

Pour copie conforme :
Seyches le 12 octobre 1897
Le Maire
Jean Vinsonneau.

# PREUVE N° 49

## Branche aînée *(Rameau cadet)*

---

Commune de Saint Barthélemy canton de Seyches, Arrondissement de Marmande (Lot-et-Garonne).

*Extrait des Registres des actes de l'Etat-civil de l'an 1846.*

---

Naissance de Pierre Omer Barbe de St Loubert

8 mai 1846

L'an mil huit cent quarante six, le huit Mai, à six heures du soir, en l'hôtel de la Mairie, par devant nous Jean Joseph Gustave Vivie, adjoint à la Mairie de la ville et commune de Saint-Barthélemy, délégué par M. le Maire pour remplir les fonctions d'officier de l'Etat-civil ; est comparu M. Antoine Barbe de St-Loubert, aîné, propriétaire, âgé de vingt-quatre ans, demeurant au faubourg de cette ville : lequel nous a présenté un enfant du sexe masculin, né ce matin vers dix heures dans son domicile, de lui comparant et de dame Catherine Martin son épouse, auquel enfant il a déclaré vouloir donner les prénoms de Pierre Omer. Lesdites déclaration et présentation faites en présence de MM. Pierre Eugène Duverger, pharmacien âgé de trente ans et Louis Bernard Marie de Villepreux, étudiant en droit, âgé de vingt deux ans, demeurant l'un et l'autre audit faubourg. Le comparant et les témoins ont signé avec nous le présent acte, après que lecture leur en a été faite.

Signé au Registre MM. de Saint Loubert, de Villepreux, Duverger et l'officier de l'Etat-civil Vivie.

Pour expédition certifiée conforme au Registre, Mairie de Saint Barthélemy le 30 juin 1874.

L'adjoint officier de l'Etat-civil,
Reny.

# PREUVE N° 50

## Branche des Seigneurs de Giscaro

*(Issue de la branche ainée)*

---

*Extrait des minutes des Notaires de la ville de Gimont, diocéze d'Auch et Sénéchaussée de Tholoze en Gascogne.*

---

80 décembre 1570 Extrait du procès-verbal des preuves de la noblesse de noble Jean du Cos de la Hitte faites dans la ville de Toulouze le 20 du mois de mai de l'an 1700 pour sa reception en qualité de Chevalier de Justice dans l'ordre de St-Jean de Jérusalem au grand Prieuré de Toulouze. Les titres y énoncés sont entre autres.

Le testament de noble Paul de La Barthe escuyer, seigneur de Giscaro co-seigneur de Boucanière, fait le 30 de décembre de l'an 1570 par lequel il veut estre enterré dans l'Eglise paroissiale du lieu de Giscaro au tombeau de ses prédécesseurs. Il fait un legs à noble Charles de La Barthe son fils et il institue son héritier universel noble Mathieu de La Barthe son fils ainé et de Dlle Marie d'Armantieu sa femme fille de noble Bertrand d'Armantieu sgr. de la Pallu; ce testament reçu par Bernard de Molins notaire de la ville de Gimont.

# PREUVE N° 51

## Branche des Seigneurs de Mondeau et de la Mazère

*(Issue de la branche aînée)*

---

*Extrait des Minutes des Notaires de la ville de Gimont, diocèze de Lombez, Sénechaucée de Tholose en Gascogne.*

---

19 avril 1687 Comme soict ainsy que noble Philipe de la Barthe sieur de Lassegan ayt retiré de feu damoiselle Marthre de Merviel sa femme la somme sectze mil deux cents livres à elle constituée dans ses pactes de mariage duquel mariage étant procréés nobles Gabriel de la Barthe sieur de la Maguere, Jacques François de la Barthe sieur de Naugas et Odet de La Barthe sieur de la Grange, ses enfants. La dite de Merviel venue a deceder auroict avant son décès faict son testament et par Icelluy entre aultres choses institué son herectier led. sieur de la Maguere et legué a un chacun de ses autres enfants la somme de deux mil livres et pareille somme aud. sieur de Lassegan son mary comme aussi feu damoyselle Catherine de Touges ayeule maternelle desd. sieur de la Maguere Naugas et La Grange par son testament du second de Janvier mil six cens vingt cinq auraict faict son herectier led. sieur de la Maguère avec les substitutions y contenues et ausd. sieurs de Naugas et de Lagrange auroict légué la somme de sectze mil livres sçavoir aud. sieur de Naugas dix mil, et six mil aud. sieur de Lagrange. Et despuis encore led. sieur de Naugas par son testament du vingt neufviesme Mars mil six cens trente cinq auroict institué herectier led. sieur de la Maguere son frère et légué certaines sommes aud. sieurs de Lassegan et de Lagrange ses père et frère et dautant que l'universitté des biens dudit feu sieur de Naugas concistoinct en biens adventisses et castrances ou acquis en guerre. Et que ledict Pere ne volloict sarrester aud. testament fait par led. deffunct son fils. Ledit sieur de Lassegan prétendant qu'en vertu de la puissance pa-

ternelle qu'il avoict sur led. feu sieur de Naugas son fils au temps de son décès non seulement il avoict l'uzufruict des biens maternels dud. deffunt mais encore la propriетté de tous ceux quy lui escherroit du chef dud. feu sieur de Naugas nonobstant les secondes nopces. Au contraire led. sieur de la Maguere soustenoict que pour le regard des biens castrances ou de la guerre sans difficulté led. sieur de Naugas ne pouvoict estre dict decedé *ab intestat* attandu le susd. testament. Mais encore pour le regard de tous ses aultres biens il avoict vallablement testé comme père de famille veu le laps de trente ans ou davantage qu'il avoit vescu séparé de son Père parmi laquelle suitte d'années il estoict induvitable qu'il cy trouveroinct dix ans utilles capables de le faire présumer et réputer émancipé. Et que les secondes nopces ausquelles led. sieur son Père avoict convollé randoict subject a restitution tout cella mesmes qui luy en pourroict arriver. Ledit sieur de Lagrange pour soy soustenant led. testament disoict que sus les biens dud. feu sieur de Naugas son frere et desquelz il pouvoict disposer au temps de son decez il estoict en droict de prethandre justement la somme de quatre mil livres a lui leguée par led. testament. Mais pour le regard d'un Prelegat de la omme de dix mil livres de laquelle feue damoyselle Catherine de Touges leur ayeulle maternelle avoict par son testament honoré led. sieur de Naugas que lad. somme lui appartenoit tout entière en vertu de la substitution appozée aud. testament en sa fabveur en cas led. sieur feu sieur de Naugas mourroict sans enfans condition quy estoit arrivée lors de son decès. Et de son propre chef led. sieur de la Grange demandoict aud. sieur de Lassegan son Père une pention anuelle de cinq cens livres en consideration des biens de la dite feue Damoyselle Marthre de Merviel sa mère revenans a lad. somme de sectze mil deux cens livres. Et de laquelle il ne pouvoict sexcuzer puisque led. sieur de la Grange estoict marié chargé de famille enfans et de maison séparée de son dit Père. A qouy led. sieur de Lassegan repliquoict bien que le feu sieur de Naugas eust demeuré hors de sa maison aux exercisses d'un gentilhomme savoict portant esté par son moyen qu'il y avoict subscisté et que les comodités que d'an en an led. Pere lui avoict fornyes ne pouvoict donner lieu a une emancipation presumée. Et quand a lad. pention que le dit sieur de La Grange demandoict ce qu'il avoict desja receu quand par ses pactes de mariage led. Pere intervenant en Iceulx avoict quitté et renoncé en fabveur de son dict filz plusieurs droictz et prethantions qu'il avoict sur les biens possédés aujourdhuy par ledit sieur de la Grange ce quy devoict luy tenir lieu de Preuvision, pour toutes lesquelles raisons lesd. parties extoinct sur le poinct d'entrer en grand Procès. pour esviter lequel procès lesd. parties ce seroinct accordées comme sensuit. Pour ce est-il que cejourdhuy dix neufviesme du moy d'apvril mil six cens trente sept, dans la ville de Gimont et maison de Mr Me Arnaud Guillaume de Sauvole conseiller du Roy magistrat et lieutenant principal au siège de lad. ville au diocese de Lombes et sénechaucée de Toloze par devant moy notaire royal et tesmoingz constituez en leurs personnes lesd. noble Philipe de la Barthe sieur de Lassegan d'une part et noble Gabriel de la Barthe, sieur de la Maguere en qualité d'herectier au bénéfice d'inventaire de lad. feue Catherine de Touges damoyselle. Et led. noble Odet de la Barthe sieur de la Grange d'aultre. Lesquelz renoncent à tous banymans et aultres actes qui pourroinct avoir esté faictz en intention de comanser et préparer proces pour les droictz dud. deffunct ci dessus enoncé. Ains est convenu que les biens dud. feu sieur de Naugas seront partaigés esgallement entre lesd. pere et enfans par trois portions esgalles sçavoir pour le regard de ceux de la guerre qu'on appelle Castrances et lesquelz par l'inventaire se trouvent estre detenus par le sieur des Vantaux, en sera bailhé le tiers aud. sieur Pere pour avoir led. tiers tant en proprietté qu'en uzufruict. Le surplus demeurant acquis a ses dits enfans pour entreulx se le partager esgallement et ainzi l'ont juré, ez présances de nobles Pierre de Boytel sieur de Belleville et d'Aiguebère, Jean Jacques de Maignauld sieur d'Aguin cappitaine au Régiment de Piedmont, Bernard de Sabolle escuier de lad. ville de Gimont, led. sieur de Savole lieutenant, Me Bertrand de Paneboeufz, docteur et advocat en la Cour habitant de la ville de Lille-Jordain et Jean de Verdun aussi docteur et advocat en la Cour habitant de la ville d'Aux. Et de moy Jean Cabanis notaire royal de la dite ville de Gimont requis soubzsigné.

(*Signé*) CABANIS notaire royal.

# PREUVE N° 52

## Branche des Seigneurs de Brassac

*(Issue de la branche aînée)*

---

*Extrait des Minutes des Notaires de Gimond, diocèze de Lombez, Sénechaussée de Toloze en Gascogne.*

---

**8 avril 1629** Contrat de mariage de noble Jean François de la Barthe seigneur de Campaigne, fils de noble Philippe de la Barthe, seigneur de Lassegan et de damoiselle Juliennne de Carbonneau sa femme dame dudit Campaigne et assistée de noble Jacques Louis de Carbonneau seigneur de la Salle Goulen son oncle maternel, faisant pour et au nom de ladite Dame de Campaigne en vertu de sa procuration du 20 mars 1629, passée devant du Breulh notaire royal du lieu de Campaigne. Accordé le 8 avril audit an 1629, avec Damoiselle Jeanne de Sabolle, fille de noble Bernard de Sabolle Ecuyer et de damoiselle Andrée d'Issaudon, sa femme, lesquels constituent en dot à la future leur fille la somme de 12000 liv. scavoir du chef dudit sieur de Sabolle 9000 liv. et du chef de ladite damoiselle d'Issaudon 3000 liv., outre laquelle lad. future se constitue la somme de 650 liv. qu'elle avait de ses biens propres à cause des légats à elle faits par feüe damoiselle Anne d'Issaudon sa tante et feu noble Pierre d'Issaudon seigneur de Gellenaud son oncle. Et aussi Damoiselle Jeanne de Lausin ayeule de ladite future et Anne de Sabolle sa tante autorisée de noble Pierre de la Deveze seigneur de la Rivière son mary par acte reçu par Vernis notaire de Gimond ledit jour 8 avril 1629, constituent chacune d'elles à ladite future la somme de 1000 liv. En faveur de ce mariage ledit sieur de Lassegan père, de son chef et ledit sieur de Carbonneau au nom de ladite damoiselle de Carbonneau mère dudit sieur de Campaigne, ratifient et confirment les donations contractuelles par eux respectivement faites en leurs pactes de mariage de la moitié de leurs biens meubles et immeubles au profit dudit sieur de Campaigne qu'ils nomment pour en jouir dès lors. Etant convenu que des premiers deniers comptés des susdites constitutions ledit sieur de Lassegan et ladite damoiselle de Carbonneau sa femme prendraient la somme de 9000 liv. pour être employée savoir : 3000 liv. à l'acquittement des dettes de ladite damoiselle et les 6000 liv. restans à dotter la damoiselle de Campaigne leur fille pour raison desquels biens maternels dependans de la terre et seigneurie de Campaigne, ledit sieur de Lassegan déclare les réparations, méliorations être et appartenants à la ditte damoiselle sa femme pour avoir été liquidés de ses deniers propres. Ce contrat passé en la ville de Gimond, diocèze de Lombez et Sénechaussée de Tholoze dans la maison dudit noble Bernard de Sabolle écuyer, en présence de nobles Jean de la Barthe seigr. de Lassegan, Antoine d'Estorenc, seigr. de Pellefigues, Jean Jacques de la Barthe sgr. de Giscaro, Odet de la Barthe sgr. de la Grange, François de Carbonneau seigr. de Terina, Jean Antoine de Carbonneau, Jean François d'Estorenc seigr. de Sarisans, et Bernard Charles de la Barthe, chevalier de l'Ordre de St-Jean de Hierusalem, de Messieurs Mrs Guillaume de Sabolle, François d'Aran Conseillers du Roi et magistrats en la judicature du Pays de Riaube siège royal de ladite ville de Gimond; noble Bernard de Lausin, Bernard de la Gauzie, George et Jean Bernard de Lauzin frères, Jean Gilles de Bousquet seigr. de Laurac, Pierre Pelous, Jean de Chavailhe Ecuyer et Barthélemy de Platia aussi écuyer dudit Gimond, devant Jean Saint-Martin notaire et Tabellion royal et héréditaire de la dite ville de Gimont et y habitant, est produit par copie collationnée sur l'original par d'Abzac conseiller secretaire du Roy maison et couronne de France et de ses finances, en 1660, et tant à en juger par l'écriture et par le temps ou vivait ledit d'Abzac.

# PREUVE N° 53

## Branche des Seigneurs de Brassac

*(Issue de la branche aînée).*

---

*Extrait des Minutes des Notaires de Sarlat, Senechaussée de Périgord.*

---

6 septembre 1660 — Contrat de mariage de Mre Phelipe de la Barthe seigneur de Brassac, habitant au Chateau de Campaigne au dioceze de Sarlat, fils de haut et puissant seigneur Messire Jean François de la Barthe seigneur de Campaigne, la Maguere et autres places, gouverneur pour son Altesse Monseigneur le duc d'Espernon en la Comté d'Esterac, et de dame Jeanne de Sabolle, son épouse habitant ledit seigneur de Campaigne en son chateau de la Maguere paroisse dudit lieu au dioceze d'Auch. Le futur assisté de haut et puissant seigneur Mre François de Montpezac seigneur de Poussou habitant en son chateau de Poussou paroisse de Cardonné au dioceze d'Agen comme fondé de procuration de ladite dame de Sabolle passée devant Sanchoux notaire royal le 24 aoust 1660. Accordé le 6 septembre audit an 1660 avec damoiselle Gabrielle de la Planie fille de feu Messire Antoine de la Planie en son vivant seigneur de Puymartin, Vivies, la Sale, le Plenat et autres places, et de haute et puissante dame Guillemine de Montvalat sa veuve habitans au chateau de Puymartin. En faveur duquel mariage ladite dame de Puymartin et haut et puissant seigneur M[re] Henry de la Planie son fils seigneur dudit Puymartin et autres places, constituent en dot a la future leur fille et sœur la somme de 10000 liv. pour tous les droits et pretentions qu'elle pouvait avoir sur les biens dudit feu seigneur de Puymartin son pere, sur ceux de la ditte dame de Puymartin sa mere ou pour sa part en l'herédité de feu noble Jean de la Planie sieur du Pouget son frere. Sur laquelle somme de 10000 liv. il serait payé a l'acquit dudit seigneur de Campaigne 1000 liv. a noble seigneur d'Abzac, écuyer sieur de Boyssière. Et ledit seigneur de

Campaigne élit et nomme ledit seigneur de Brassac son fils en la moitié de tous ses biens par lui donnés à l'un de ses enfans mâles tel qu'il lui plairoit eslire, dans son contrat de mariage avec ladite dame de Sabole son épouse datté du 8 avril 1629 et passé devant St-Martin notaire de la ville de Gimont et de laquelle moitié de tous ses dits biens il lui fait donation pour en jouir dès lors l'émancipant et mettant hors de sa puissance paternelle. Comme aussi ledit seigneur de Poussou en vertu de ladite procuration donne audit futur la tierce partie de toutes les sommes dotales constituées à ladite dame de Sabole en son contrat de mariage dont elle se réserve l'usufruit sa vie durant et celle dudit seigneur de Campaigne son mary. Ce contrat passé au chateau de Puymartin paroisse de Marquais en Perigord devant Mortemousque notaire royal en presence de Monsieur Maitre Mathurin de Boyt seigneur de Meyrigniac avocat en la cour de parlement de Bourdeaux habitant de la ville de Sarlat et de Jaques de Lalis seigneur de la Drevie habitant du village de Monteabrou paroisse de Castelz et dont la minute était signée outre les parties contractantes, d'autres leurs parens et amis ainsi signés : Vivies de Puymartin, la Rocque-Beynac, Guillemine de la Planie, la Faureillie, le chevallier de Puymartin, Sainct Michel, le chevallier du Rocq, du Thouron et d'Abzac, fut insinué le 11 septembre audit an 1660 en la senechaussée de Perigord au siége de Sarlat par sentence rendue par Armand de Gérard lieutenant general en la senechaussée de Périgord au siège dudit Sarlat, ce requerant M$^e$ Jean Bouffanges procureur desdits sieurs et damoiselle donataires et M$^e$ Antoine Leydis procureurs desdits sieurs et dames donateurs.

S'ensuit la dite procuration donnée le 24 aoust 1660 par damoiselle Jeanne de Sabolle épouse de noble Jean François de la Barthe seigneur de Campaigne, de la Maguere et autres lieux, Gouverneur pour son Altesse Monseigneur le duc d'Espernon dans son Comté d'Asterac, a noble François Montpezac, sgr. de Poussou en Agenois ; pour, en cas qu'il se présentat un party de mariage sortable pour noble Philippes de la Barthe sieur de Brassac son fils, assister au traité dudit mariage, et en son nom faire donation en faveur dudit sieur de Brassac son fils, de la 3$^e$ partie de la constitution à elle faite ès pactes de mariage d'entre elle et ledit sieur de Campaigne son mary. Cet acte passé au chateau de Castelnau de Barbarenes au Comté d'Asterac diocese et senechaussée d'Auch en présence de Monsieur Maistre Jean de Mont advocat en la cour et devant Guillaume Sanchoux notaire royal hereditaire habitant du lieu de Haulies.

# PREUVE N° 54

## Branche des Seigneurs de Brassac

*(Issue de la branche aînée)*

---

*Extrait des Minutes des Notaires de la ville de Simorre au diocèze et senechaussée d'Aux.*

---

7 septembre 1666 Accord fait le 27 septembre 1666 entre nobles Philippe de la Barthe sieur de Brassac, Bernard de la Barthe sieur de Rochebrune, Honoré François de la Barthe sieur de St-Michel, noble Jean Jacques de Belleforest sieur d'Engaye époux de damoiselle Anne Louise de la Barthe, Damoiselles Louise et Marie de la Barthe assistées et quant à ce conseillées par noble Barthelemy de Platea habitant de la ville de Gimont leur oncle et curateur aux Causes des dittes damoiselles Louise et Marie de la Barthe, par lequel pour terminer les différends qui étaient entre eux sur ce qu'elles disaient que par les pactes de mariage passés entre le dit noble Philippe de la Barthe sieur de Brassac et dame Gabrielle de la Planie le 6e de septembre mil six cens soixante, reçu par Mortermousque notaire de la ville de Sarlat, feu noble Jean François de la Barthe sieur de Campaigne son pere luy avait fait donation de la moitié de tous et chacun de ses biens présens et avenir. Et damoiselle Jeanne de Sabolle sa mere de la troisieme partie aussi de ses biens et droits à elle constitués desquels elle s'était réservée la jouissance pendant sa vie et parce que lesdits sieurs de Rochebrune, de St Michel, dame Gabrielle de la Barthe femme de noble Marc François de Vassal sieur de la Barde, damoiselle Louise de la Barthe femme au dit noble Jean Jacques de Belleforest sieur d'Engaye, outre damoiselle Louise de la Barthe et encore damoiselle Marie de la Barthe frères et sœurs dudit sieur de Brassac et tous enfans legitimes desdits sieurs de Campaigne et de Sabolle, avoient leurs droits et pretentions sur les biens de leurs dits pere et mere après que les droits d'un chacun d'eux eurent été liquidés. Il est convenu de l'avis de leurs amis et dudit sieur de Platea savoir que le dit sieur de Brassac comme donnataire contractuel dudit sieur de Cam-

paigne son pere ayant opté de prendre sa donnation du tems du décès de feu son pere, tous les biens tant donnés que reservés seroient partagés entre frères et sœurs et que lesdits sieurs et damoiselles ses frères et sœurs en prendroient l'autre, plus que suivant l'estimation qui avoit été faite par commun consentement des parties de la terre et Seigneurie de Campaigne avec les meubles, bestiaux contenus en l'inventaire à la somme de 50000 livres et de la terre de Lamaguere maison, seigneurie et meubles etc. aussi contenus en l'inventaire pour la somme de 12000 livres sur le pied de laquelle le partage avoit été fait et s'était trouvé les dettes distraites de l'heredité savoir celles de Perigord montantes à la somme de 4384 livres dont entrautres à Monsieur de Massiot conseiller au Parlement de Bourdeaux la somme de 600 livres, à Me de la Boussière dit Bugo la somme de 838 livres, à du Molin marchand d'Agen la somme de 510 livres et à Mr de Fiches la somme de 1075 livres, lesquelles dettes ledit sieur de Brassac donataire seroit tenu payer à la décharge de l'heredité dudit sieur de Campaigne et celles du païs d'Aux revenans à la somme de 1155 livres qui jointe avec les 4384 cy dessus revenoient à 5559 livres qui avec les hipoteques de la ditte heredité qui revenoient à 29759 livres, il ne restoit de la masse de la ditte heredité que la somme de 32241 livres de laquelle ledit sieur de Brassac donnataire ayant retenu la moitié qui est la somme de 16120 livres 10 sols, l'autre moitié divisée en sept portions et attendu que la ditte damoiselle Anne Louise de la Barthe femme audit sieur d'Engaye avoit reçu la somme de 1000 livres sur sa légitime la ditte somme avoit été divisée aux légataires, trois desquelles portions dudit partage seroient prises par le dit sieur de St Michel et damoiselles Marie et Anne Louise de la Barthe sur la ditte terre et seigneurie de Lamaguere. Ensemble la somme de 900 livres à eux léguée par le testament de feue damoiselle Julienne de Carbonneau leur grand mere, reçu par Bajon notaire savoir audit sieur de Saint Michel celle de 500 livres et à chacune des dittes damoiselles 200 livres, lesquelles seraient aussi tenues de prendre sur la ditte terre de Lamaguere leur part et portion des droits de légitime qu'ils pouvaient prétendre sur les biens et droits de la ditte damoiselle de Sabolle leur mere qui se trouvoient revenir pour les trois à la somme de 3198 livres et attendu aussi que le dit sieur de St Michel et damoiselle Marie et Louise de la Barthe prenoient sur la ditte seigneurie de Lamaguere la somme de 1066 livres chacun pour leur part de la ditte legitime des biens de la ditte damoiselle de Sabolle leur mère. Ils seraient obligés de luy payer annuellement leur part et portion de la pension adjugée à leur ditte mere par ses pactes de mariage et moyennant ce la ditte terre et seigneurie de Campaigne demeurerait franche et quitte au dit sieur donnataire de toutes autres charges et hypothèques qui pourroient avoir été contractés sur Icelle par ledit sieur de Campaigne pere. Cet acte passé au lieu de la Maguere et maison desdits sieurs contractans au dioceze et senechaussée d'Aux et reçu par Jean Capdeville notaire royal de la ville de Simorre.

# PREUVE N° 55

## Branche des Seigneurs de Brassac

*(Issue de la branche aînée)*

---

*Extrait des Registres des Batêmes de la paroisse de Campagne, diocese d'Aux, Sénechaussée de Tholoze en Gascogne.*

---

20 avril 1671 Extrait du Registre des batêmes de la paroisse de Campagne portant que Jean de La Barthe fils de noble Philippe de La Barthe ecuyer, seigneur de Brassac, Campagne et autres places et de dame Gabrielle de la Planie dame de Brassac, naquit le 20 et fut batisé le 29 avril 1671. Le parrain, noble Jean de la Planie chevalier de Puymartin, la marraine, madame de St-Michel tante dudit enfant. Cet extrait délivré le Ier juin 1746 par le sieur Fontenille prieur et curé de la ditte paroisse et légalisé le 8e des dits mois et an par Raymond Pages sieur de la Greze lieutenant de la Juridiction de Campagne, la charge de Juge vacante.

# PREUVE N° 56

## Branche des Seigneurs de Brassac

*(Issue de la branche aînée)*

---

*Extrait des Minutes des notaires de la ville de Simorre, dioceze d'Aux et Senechaussée de Tholoze en Gascogne.*

---

16 juin 1689 Testament de Damoiselle Jeanne de Sabolle veuve de noble Jean François de la Barthe vivant seigneur de Campaigne, habitante du château seigneurial du lieu de Lamaguere au dioceze et senechaussée d'Aux, fait le 16e Juin 1689 par lequel elle veut être inhumée et ensevelie dans l'église paroissiale dudit lieu de Lamaguere au tombeau de ses prédécesseurs. Elle déclare avoir été conjointe en mariage avec ledit feu seigneur de Campaigne avec lequel elle avait procréé sept enfants savoir feu noble Philippe, Damoiselle Gabrielle, Bernard, Anne Louise, Honoré François, Louise et Marie de La Barthe ses enfants légitimes et naturels et dudit feu seigneur de Campaigne et ladite Gabrielle avoir été mariée avec noble Marc François de Vassal seigneur de la Barde à laquelle elle avoit constitué de son chef la somme de 2500 livres qui luy avait été payée ; et étant depuis décédée la ditte testatrice veut que la ditte donnation par elle faite à la ditte feue Gabrielle luy tienne lieu de son entière légitime et de tous les droits que ses enfants pouvoient avoir sur ses biens ; elle dit aussi avoir marié le dit Philippe son fils ainé qui etoit depuis décédé et quelle luy avoit donné par ses pactes de mariage avec demoiselle Gabrielle de la Planie par la procuration qu'elle avoit faite à noble François de Montpezat seigneur de Poussou du 24e aoust 1660, reçue par Chauson notaire le tiers de sa constitution dotale à elle faite par son contrat de mariage avec ledit feu seigneur de Campaigne sous la réserve de l'usufruit dudit tiers sa vie durant, laquelle donnation elle ratifie, et que

laditte Anne Louise avoit été mariée avec noble Jean Jacques de Bellefo-rest sievr d'Engaye à laquelle elle avoit fait donnation de son chef de la somme de 3000 livres qui luy avait été payée. Elle dit aussi avoir marié noble Honoré François de la Barthe seigneur de Lamaguere avec damoiselle Margueritte de Nouguères lequel étoit décedé ayant laissé quatre enfants savoir Jeanne, Jean Francoys, Bernard et Louise de la Barthe à chacun desquels Jean François, Bernard et Louise elle lègue la somme de 30 livres, de plus elle dit que ladite Louise avoit été mariée avec noble Jean Idrac sieur de la Tapice à laquelle elle avoit donné la somme de 1060 livres qu'elle avait confirmé par son contrat de mariage. Elle lègue audit Bernard son fils la legitime tel que de droit lui pouvoit appartenir sur ses biens ; elle lègue à damoiselle Marie sa fille le droit de légitime tel que de droit luy pouvoit appartenir sur ses biens, elle lègue aux dites Jeanne, Jean François, Bernard et Louise, fils audit feu Honoré François la légitime qui pouvoit competer audit feu seigneur son père et elle institue son héritière universelle et générale ladite damoiselle Marguerite de Nougueres sa belle fille à la charge de rendre son heredité entière à tel ou telz de ses enfans nommés Jean François, Bernard et Louise par égalles ou inégalles portions, cassant et annulant la ditte testatrice tous autres testamens et donnations faites à cause de mort si aucuns s'en trouvoient à la reserve de la donnation par elle le dit jour faite à demoiselle Jeanne de la Barthe sa petite fille et filleule et reçue par d'Astugue notaire royal habitant de la ville de Simorre reservé et pourvu par sa majesté en Icelle. Ce testament passé dans ledit chateau seigneurial du lieu de Lamaguere en presence de Dominique et Barthelemy Anglade pere et fils, d'Aulin en la vallée d'Aux et reçu par ledit d'Astugue notaire royal habitant de la ville de Simorre reservé et pourvu par sa majesté en Icelle et par luy expedié le 6e novembre 1693.

# PREUVE N° 57

## Branche des Seigneurs de Brassac

*(Issue de la branche aînée)*

---

*Extrait des minutes des notaires de la ville et Cité de Sarlat en Périgord.*

---

7 septembre 1702

Donnation faite le 7e septembre 1702 par dame Gabrielle de la Planie veuve de Messire Philippes de la Barthe chevalier, seigneur de Campagne et de Brassac habitante au Château de Campagne, à Messire Jean de la Barthe escuyer sieur de Lille son fils habitant du chateau de Campagne, savoir de tous et chacuns ses biens meubles et immeubles présens et avenir qu'elle déclare être de la valeur de la somme de 1500 livres y compris les arrerages a elle dus sur la metairie de Lavergniolle ou Borie basse située dans ladite paroisse de Campagne. Cet acte passé dans la ville et cité de Sarlat en Perigord devant Chassaing notaire royal et en presence de Henry de la Vergne Sr du Pech de Laval habitant du lieu du Pech de Laval paroisse de St-Ciprien et Jean Gerauld marchand habitant de la ville de Sarlat. Est signé : G. de la Planie, de Lile, Geraud, le Pech de Laval et Chassaing notaire royal.

# PREUVE N° 58

## Branche des Seigneurs de Brassac

*(Issue de la Branche aînée)*

---

*Extrait des minutes des notaires de la ville de Limeulh en Perigord.*

---

**14 may 1704** Contrat de mariage de Messire Jean de la Barthe, Ecuyer, sieur de Lile fils de feu Messire Phelip de la Barthe vivant, Ecuyer seigneur de Brassac et de dame Gabrielle de la Planie dame de Brassac sa veuve habitans en leur chateau de Campagnie, accordé le 14 may 1704 avec Françoise de Larmandie de Longua fille de Messire Louis de Larmandie de Longua Ecuyer Seigneur de Larmandie et de Marie de Pouy dame de Larmandie son épouse habitants de Limeulh ; en faveur duquel mariage ledit futur se constitue tous et chacuns ses biens presens et avenir et laditte dame de Brassac lui donne tous et chacuns ses biens tant meubles que immeubles presens et avenir comme aussi lesdits sieur et dame de Larmandie donnent a la ditte future la somme de 4000 livres dont 1000 livres comptant. Il est aussi stipulé que si ledit sieur de Lille trouvoit a marier Clémence de la Barthe demoiselle de Campagnie sa sœur, il consentait que les dits sieur et dame de Larmandie luy payassent la somme de 3000 livres restante de la ditte constitution. Ce contrat passé dans la ville de Limeulh en Perigord devant Murat notaire royal hereditaire en présence de Helie Maurand sieur de la Grange Neufve habitant du lieu de la Grange Neufve paroisse de Tremolat et Helie Maliorat sieur de la Grange habitant de la ditte ville. Est signé sur la minutte par les dittes parties et leurs parens ou amis savoir : Charon de Montessat, Fransine de Larmandie de Longua, Calvimont de Bonnefond, Renée de Coitnours, Queynat, du Cluseau la Granval, Bonnesfons, Jayac St-Chamassy, Isabeau de la Borie, Margueritte Meynardie d'Abzac, La Bourgoünie, la Grange Neufve de Senailhac et Toinette de Galan.

# PREUVE N° 59

## Branche des Seigneurs du Coulomé

*(Issue de la branche aînée)*

*Ressort du Parlement de Tolose.*

18 avril 1635 François de la Barthe fils à noble Gabriel de la Barthe Seignieur de la Fage, la Maguere et autres lieus et à damoiselle Françoise de Lussan sa femme a receu l'Eau le dix huictiesme avril mil six cents trante cinq a la chapelle du Chasteau, permission a moy bailli faite et signée par M. St-Pierre Vichere general, dactée du mesme jour a Rieumes, ledit enfant teneu par Mlle de Garranet fame de Me D'Aulin. François Cassan signé.

Extrait tiré par moy soubsigné prêtre et curé de Forgues et de la Fage son annexe deuement collationné des registres des bastistes ce huictiesme decembre mil six cents septante trois a Forgues.

(*signé*) DAVID curé susd.

# PREUVE N° 60

## Branche des Seigneurs du Coulomé

*(Issue de la branche aînée)*

---

*Extrait des Minutes des notaires de Castelnau de Barbarens Diocèse et Senechaussée d'Auch.*

---

29 octobre 1664 Contrat de mariage de noble François de la Barthe de la Maguere assisté de Messire Odet de la Barthe seigneur de Lassegan, noble Jean François de la Barthe seigneur de Campaigne, noble François de Puymirol seigneur de sainct Martin, noble Jean George de Lamezan seigneur du Bezeril et noble François de Lamezan sieur de la Barthe, accordé le 29 octobre 1664 avec demoiselle Henrye de Flurian dame de Marseillan et du Colomé assistée de noble Jean de Chavaille sieur du Colomé du Saussan, noble Raphael de Serignac sieur du Colomé et de Buzons et damoiselle Jeanne de Chavaille sa femme, noble Michel de Cottray sieur du Pradet, noble Jean de Chavaille sieur de Bazeillac, Monsieur Me François de Chavaille avocat du Roy au presidial d'Armaignac siège d'Aux, noble Jean Bertrand de Flurian sieur de la Ligné et noble Dominique de Rocquevert sieur de la Magistère. En faveur duquel mariage et pour la liquidation de l'heritage de ladite future ledit futur promet porter en dot la somme de 10.000 liv. dont il paye comptant celle de 3.687 liv. que ladite future reconnoit sur la metairie à elle appartenant dite du Colomé au terroir et Jurisdiction de la ville de Pavye et il promet employer les 6.313 livres restans au rachat de la terre de Savihac. Et d'autant que ladite demoiselle se trouvait extremement obligée envers ledit sieur de Chavaille son oncle pour la protection qu'il avait eue de sa personne et de ses biens et du soin de son mariage elle luy fait donnation de tous ses biens ou en cas qu'il vint à predeceder sa dite nièce a son plus proche heritier ou heritière, le tout en cas que ladite demoiselle vienne a

décéder sans faire de testament ou sans enfans légitimes. Ce contrat passé au lieu de Saussan dans la maison dudit noble Jean de Chavaille sieur de Colomé en Astarac, dioceze et senechaussée d'Auch devant Jean d'Esperon notaire royal de Castelnau de Barbarens en présence de noble Simon de Labau seigneur des Vionès et Me Jean Pujos prêtre et recteur dudit lieu de Saussan, fut insinué le 13 novembre 1664 en la senechaussée d'Aux par devant Monsieur Me Blaize Mariol lieutenant principal, Carrere procureur postulant audit siege pour lesdits sieurs de La Barthe et Demoiselle Henrye de Flurian mariés et Bodin procureur postulant, audit siege pour noble Jean de Chavaille sieur du Coulomé oncle. Cet acte signé Delasmittes.

# PREUVE N° 61

## Branche des Seigneurs du Coulomé

*(Issue de la branche aînée)*

---

*Extrait des Registres de Baptême de l'Eglise paroissiale de Saint-Orens de la ville d'Auch.*

---

27 septembre et 9 octobre 1665

Philippe, fils de noble François de la Barthe, sieur de Horgues et de dame Henrye de Flurian mariés, étant né le vingt-sept de septembre a été baptisé et présenté aux fonts baptismaux par Damoiselle Marguerite de la Barthe, tante de l'enfant.

Le parrain a été Philippe de la Barthe, oncle de l'enfant, et la marraine Catherine de Geneste, femme dudit Philippe de la Barthe.

L'office fait par moy soussigné le neuvième octobre mil six cens soixante-cinq.

De la Barthe, de la Barthe du Plantier, Dugros, Vicaire ainsi signés à l'original.

Je sousigné, curé de Saint-Orens de la ville d'Auch, certifie avoir extrait mot à mot sans avoir augmenté ny diminué l'acte cy-dessus des registres de la susd. Eglise à Auch, le 24 février 1777.

(Signé) Lecussan, curé de Saint-Orens, et légalisé à Auch le même jour.

# PREUVE N° 62

## Branche des Seigneurs du Coulomé

*(Issue de la branche aînée)*

---

*Extrait des Minutes des Notaires d'Auch, sénéchaussée de Tholose en Gascogne.*

---

19 septembre 1692 Articles et conventions de mariage d'entre noble Philippe de Labarthe Sr de Couloumé, fils de noble François de la Barthe, escuyer et de demoiselle Henrie de Fleurian d'une part, et demoiselle Bernarde de Laval, fille a feu Me François de Laval quand vivait conseiller au Présidial d'Auch, l'un et l'autre, assistés de leurs parants et amys lesquelles parties promettent se prendre en mariage et iceluy solemniser en face de nostre Ste Mère l'Eglise. Pour le support duquel mariage lad. damoiselle de Laval, assistée de demoiselle Claire de Lebé sa mère espouse en secondes nopces de Monsieur Joseph d'Anglade se constitue en dot tous ses biens comme Monsieur Mre Jean de Rey prestre, docteur en théologie, chanoine et sacristain de Sainte-Marie d'Auch, au nom et comme procureur fondé de Monsieur Mre Julien Aupié de Laval, prestre docteur en théologie, chanoine de l'Eglise Saint-Michel de Bourdeaux, par procuration du onzième du présent mois de septembre mil six cens quatre-vingts-douze, retenue par Bouyer, notaire dud. Bourdeaux, donne et remect à la ditte demoiselle de Laval, future espouse, tous les biens énoncés tant en la ditte procuration que ceux énoncés encore en l'acte du trentième décembre mil six cens quatre-vingts-neuf, reteneu par Bouyer, notaire dud. Bourdeaux. Et sera fait inventaire de tous les meubles qui sont dans les maisons tant de la ville que de la campaigne pour le cas de restitution avenant être rendeus a qui il appartiendra. Ensemble sera fait reconnaissance de tous les bestiaux qui se trouveront dans les metairies de Laval, pour le prix d'iceux être aussy rendeu ledit cas y échéant. Est encore

arresté que s'il convient faire des réparations tant dans lesdites maisons de la présente ville que métairies de ladite demoiselle de Laval, ledit sieur du Couloumé sera remboursé d'icelles. Et parce que ledit sieur de la Barthe peut avoir des bienfaits de sond pere, une maison dans lad. ville d'Auch et que celles de lad. de Laval pourrait luy être a charge est conveneu qu'il sera loisible aud. sieur de la Barthe de les vendre. Et led. sieur du Couloumé dere et lad. demoiselle de Flurian son épouse, nomment led. sieur de la Barthe leur fils à la donation contractuelle conformement a leurs pactes de mariage et luy donnent la moitié de tous leurs biens, dans lesquels biens donnéz est compris la maison et chateau du Couloumé. Et pour le présent lesd. sieurs du Couloumé et lad. Fleurian ses père et mère luy remetent tous les biens qu'il possedent en la juridiction de Pavie. Et lesd. parties veulent que les présents articles vailent comme s'ils étaient réduits en acte public, que néantmoins pour la plus grande conservation d'iceux ils seront transcrits en registre avec lad. procuration auquel effect lesd. parties ont signé ez presences de Messieurs Mre Orens de Lignaus chanoine de l'Eglise collegiale de St-Orens, George du Cros aussi chanoine de lad. Eglise, Monsieur Mre Bernard d'Espiau juge general d'Estarac, Mre Jean Gardey, juge du marquisat de Fiumarcon et Monsieur Mre Jean Baptiste d'Aste, sieur de Monbrun signés avec les parties à Auch, le dixneuvième septembre mil six cens quatre-vingt-douze.

(Signé) de Couloumé, Anrie de Florian, Coulommé, Bernarde de Laval, Claire de Lebé dite aussi Honderey sans préjudice de ses droits et hipotèques, O. de Lignaus, J. Rey procureur susd., du Cros, d'Espiau, Gardey et Montbrun.

# PREUVE N° 63

## Branche des Seigneurs du Coulomé

*(Issue de la branche aînée)*

---

*Extrait des Minutes des Notaires de la ville de Condom, Sénéchaussée de Tholose en Gascogne.*

---

25 septembre 1692

Le vingt cinq septembre mil six cens quatre vingt douze, je soussigné curé du Mas Fimarcon diocèze d'Auch, en vertu d'une dispense de Mres les vicaires généraux du present dioceze d'Auch, de la publication de deux bans de mariage d'entre noble Philippe de la Barthe sgr. du Couloumé parroissien de St Orens et Dlle Bernarde de Laval paroisienne de Ste Marie de la ville d'Auch, lad. dispense portant certification de la publication du premier ban fait dans les églises de Ste Marie et de St Orens, la dispense portant encore permission de solemniser led. mariage en tel endroit du present dioceze que les parties voudront par un prêtre approuvé par lesd. grands vicaires généraux en datte lad. dispense et permission des vingt deux septembre courant signés : de Soupés Prévost vicaire general et de Lenteigne secretaire, scellé du sceau des M° les dits vicaires generaux duement insinué au premier Regre royal des insinuations ecclesiastiques du présent diocèze fol. 28, signé : Larrouvière commis, du 23 dud. mois de septembre et an courant ay marié le susd. Sr Philippe de La Barthe et Dlle Bernarde de Laval, led. sgr. de La Barthe âgé de vingt sept ans, fils à noble François de La Barthe, Sr du Couloumé et de Dlle Henrie de Flurian mariés et sous leur puissance et lad. Dlle de Laval fille à feu Mre François de Laval, Conseiller au presidial d'Auch, et Dlle Claire de Lebé de Horderey mariés, lad. Dlle de Horderey mariée en secondes noces avec Sr Joseph d'Anglade sgr de Lechat : lad. de Laval âgée de vingt ans, led. mariage consenti par les articles qui en ont été dressés et signés par le père et mère des parties et autres leurs parens proches à moi exhibés, dattés du dix-neuvième septembre an courant : ledit mariage ayant été célébré cejourd'hui dans mon église paroissiale, ayant été représentée en personne Louise de la Barthe fille desd. de la Barthe et de Laval procréé d'eux avant led. mariage et sous la foi d'icelui comme ils l'ont déclaré à ma requisition un peu avant led. mariage et en présence des témoins pour opérer par lesd. avec sa legitimation en vertu dudit mariage subsequent : fait ez présence de MM. Joseph de la Barthe docteur en théologie et soudiacre frère dud. Sr de la Barthe; MM. Pierre Castera prêtre, docteur en théologie et curé de Larroque Fimarcon, MM. Jean Gardey juge dappeaux du marquisat de Fimarcon, noble Jean de Lauriac sgr de Lauriac habitants dud. Auch, le Mas et Blaziers soussignés avec lesd. parties et Moy, Coulommé, de Laval, la Barthe, Castera, Gardey, Lauriac, Gardey curé ainsi signés à l'original.

Je soussigné certifie à tous ceux qu'il appartiendra avoir tiré le susdit extrait mot à mot, et avoir rien ajouté ni diminué des registres de l'Eglise St Martin du Mas Fimarcon : En foi de quoy aud. Mas le douze septembre mil sept cent soixante treize.

(Signé) Soye curé du Mas et légalisé à Condom le 16 dudit. mois.

# PREUVE N° 64

## Branche des Seigneurs du Coulomé

*(Issue de la branche aînée)*

---

*Extrait des Registres de Ste Marie d'Auch, sénéchaussée de Tholose en Gascogne.*

---

21 mars 1696 Extrait des Registres de baptêmes de l'Eglise metropolitaine Ste Marie d'Auch.

François de La Barthe fils de noble Philippe de la Barthe sieur du Çouloumé et de demoiselle Bernarde de Laval mariés est né le vingt unième du mois de mars 1696 et a été baptisé le lendemain. Son parrain a été noble François de la Barthe et sa marraine demoiselle Claire de Honderoy en présence de Mre Joseph de La Barthe prêtre curé de Roquebrune et de noble François de Chavaille de Basillai par moi Molere prêtre et vicaire.

Je soussigné vicaire de la susdite paroisse certifie que le present extrait est véritable et tiré mot à mot des registres de l'an mil six cent quatre vingt seize sans qu'il y ait été rien ajouté ni diminué. En foy de quoy à Auch le treize février mil sept cent soixante dix-sept. (Signé) Souquere, vicaire.

(Et legalisé à Auch le 24 février 1777.)

# PREUVE N° 65

## Branche des Seigneurs du Coulomé

*(Issue de la branche aînée)*

---

*A Monsieur le Gendre, Chevalier, Conseiller du Roy en ses conseils, Mᵉ des Requêtes ordinaires de son hostels, Commissaire departy pour l'exécution de ses ordres en la Généralité de Montauban.*

---

18 mai 1700 Supplie humblement noble Philippe de Labarthe sieur du Coulomé habitant de La ville d'Auch, fils de Noble François de La Barthe sieur de Horgues et de damoiselle Henrie de Flurian et Icelluy fils de noble Gabriel de La Barthe seigneur de Lamaguère disant qu'il a esté assigné par exploit du 12 février dernier à Requeste de Mᵉ Charles de La Cour de Beauval pour représenter ses tistres de noblesse devant vostre Grandeur, de laquelle assignation il doit estre deschargé parce qu'il est issu de rasse noble comme il est notoire a vostre Grandeur et pour prouver ce fait le suppliant cite :

L'extrait de son baptistaire duement legalisé par lequel il se justife qu'il est fils dudit François et de la ditte damoiselle de Flurian.

Ledit François de La Barthe père dudit suppliant estoit fils dudit Gabriel de Labarthe, cella ce prouve par l'extrait baptistaire dudit François en date du 18 avril 1635.

Et pour prouver davantage que ledit François estoit fils dudit Gabriel père et ayeul dudit produisant il cite la transaction qui feut passée le 17 may 1658 entre noble Philippe de La Barthe et ledit François frères touchant la succession de leur père.

Des actes cy dessus la filliation est très bien prouvée, il ne reste maintenant que justifier leur qualité, pour cella le suppliant rapporte l'extrait du jugement qui feut rendu le 12 aoust 1677 par Messieurs les Commissaires de la Chambre du franc-fief sur les requestes que damoiselle de Geneste veuve de noble Philippe de La Barthe seigneur de la Hage mère legitime et administraresse de ses enfants, et de defunt noble François de Labarthe frère audit Philippe par lequel ils furent deschargés de la taxe du franc-fief attendu leur qualité de noble ainsy qu'appert de la Coppie dudit jugement.

Et quoique le susdit jugement devroit suffire pour la descharge de l'assignation donnée aud. suppliant, neantmoins il raporte le jugement par vostre Grandeur rendu le 18 février dernier par lequel ledit sieur de la Hage et autres cousins germains du suppliant sont maintenus en ladite qualité de nobles sur la représentation de leurs titres de noblesse et sy ledit suppliant n'a pas été comprins dans ledit jugement c'est parce que ledit La Cour de Beauval ne le fit pas assigner dans le temps que ses autres cousins le furent ainsy qu'appert dudit jugement.

Au moyen desquels actes vostre Grandeur voit que la descharge que ledit suppliant demande ne souffre aucune difficulté.

A ces causes plaira a Vos Gràces, Monseigneur, descharger ledit suppliant de laditte assignation, et ce faisant faire inhibitions et distances audit La Cour de Beauval ses procureurs et commis de rien faire ny attampter contre ledit suppliant a peine de cinq cens livres nullité et cassation et fèzes bien.

Signé Vigneret.

Le Procureur de Messire Charles de La Cour de Beauval qui a pris communication de la presente requeste et pièces consens sous le bon plaisir de Monseigneur l'Intendant que le suppliant soit deschargé de l'assignation qui luy a esté donné a la requeste dudit de Beauval le 12 février 1700 N· 220. Fait à Montauban le 13 may 1700.

Signé Merigot.

Veu l'inventaire cy-dessus et les actes y enoncez.

Je n'empeche pour le Roy que Philipe de La Barthe sieur du Coulomé ne soit déclaré noble et issu de noble race, ce faisant luy et ses enfants et descendans nez et a naître en légitime mariage, maintenus dans tous les droits privileges et avantages dont jouissent les véritables gentilshommes tant qu'ils vivront noblement et ne feront acte de dérogeance, auquel effet le lit sieur de La Barthe soit inscrit au catalogue des nobles de la province de Guyenne. Fait à Montauban le 13 may 1700.

Signé de Hericourt.

# PREUVE N° 66

## Branche des Seigneurs du Coulomé

*(Issue de la branche aînée)*

---

*Extrait des Minutes des Notaires de Montauban Sénéchaussée de Tholose en Gascogne.*

---

16 may 1700 Gaspard François Le Gendre chevallier seigneur de Lormoy conseiller du Roy en ses Conseils, Me des Requetes ordinaires de son hotel, Intendant de Justice, Police et Finances en la generalité de Montauban.

Entre Charles de La Cour de Beauval chargé de l'exécution de la déclaration du Roy du 4 septembre 1696 contre les usurpateurs du titre de noblesse demandeur aux fins de l'exploit d'assignation donnée en conséquence le 12 février 1700 d'une part

Et noble Philippes de Labarthe sieur du Couloumé deffendeur d'autre part.

Veu lad. déclaration du Roy et exploit d'assignation, arrest du Conseil du 26 février 1697 servant de réglement pour l'exécution de lad. declaration, jugement par nous rendu le 18 fevrier 1700 par lequel demoiselle Jeanne du Guerrier, veuve de noble Philippe de Labarthe sieur de la Hage a été deschargée de l'assignation à elle donnée à la requete de Charles de La Cour de Beauval, et François de Labarthe son filz et autres y denommez maintenus en la qualité de noble dans lequel jugement sont enoncez.

1° — Un acte par lequel noble Philippe de La Barthe acquiert de noble Pierre de La Barthe son frère les droits qu'il avait sur la succession d'Arnaud Guillaume de La Barthe seigneur de Lassegan leur père passé pardevant nottaire le six mars mil cinq cent quarante six.

2° — Une transaction passée entre noble et puissant seigneur Carbon de La Barthe fondé de procuration dud. noble Philippe de La Barthe son pere d'une part et demoiselle Izabelle de Visé veuve de noble François de La Barthe frère dud. Carbon du six fevrier mil cinq cent soixante un.

3° — Le testament dud. Carbon de La Barthe qualiffié noble et puissant seigneur chevallier de l'Ordre du Roy et mareschal de Camp par lequel il parroist que noble Jean et Philippes de La Barthe estoient ses filz du 25 avril mil cinq cent soixante quinze.

4° — Le contrat de mariage de noble Gabriel de La Barthe seigneur de Lamaguere avec demoiselle Françoise d'Esparbes de Lussan par leqnel il parroist qu'il estoit fils dud. noble Philippes et que demoiselle Catherine de Touges estoit mere dud. Philippes et femme dud. Carbon de La Barthe led. contrat du dix sept octobre mil six cent vingt trois.

5° — Le contrat de mariage de noble Philippes de La Barthe sieur de la Hage assisté dud. noble Gabriel de La Barthe seigneur de Lamaguere son pere avec demoiselle Jeanne de Guerrier le dix huit octobre mil six cent cinquante quatre.

6° — Le testament de noble Jean Pierre de La Barthe Escuyer par lequel il parroist qu'il estoit fils de dame Jeanne de Guerrier et frère de noble François de La Barthe, maintenu par led. Jugement par nous rendu du six décembre mil six cent quatre vingt deux.

Inventaire de production faite pardevant nous des pièces cy après.

Extrait baptistaire de François de La Barthe filz de noble Gabriel de La Barthe seigneur de la Hage, Lamaguere, et de demoiselle Francoise de Lussan cy dessus denommez du dix huit avril mil six cent trente cinq.

Transaction passée entre noble Philippes de La Barthe sieur de la Hage mary de demoiselle Jeanne du Guerrier et noble François de La Barthe son frere pour raison de la succession dud. noble Gabriel de La Barthe et de dame Françoise d'Esparbes leur père et mère du dix sept may mil six cent cinquante huit.

Extrait baptistaire de Philippe de La Barthe produisant par lequel il paroist quil est fils dud. noble François de La Barthe sieur de Horgues et de demoiselle Henriette de Fleurian, led. extrait du neuf octobre mil six cent soixante cinq et duement légalisé.

Consentement du procureur dud. de La Cour de Beauval à la descharge de lad. assignation, conclusions du procureur du Roy tout considéré.

Nous Intendant et conseiller susd. avons maintenu et gardé led. Philippes de La Barthe sieur du Coulommé en la qualité de noble, ordonnons qu'il jouira, ensemble ses successeurs enfans et postérité nés et à naistre en legitime mariage de tous les privilèges, honneurs et exemptions dont jouissent les gentilshommes du Royaume tant qu'ils vivront noblement et ne feront acte dérogeant, faisons deffences aud. de La Cour de Beauval et tous autres de les y troubler à peine de 500 livres d'amende et de tous despens domages et interests. Et en conséquence que led. sieur de La Barthe sera compris dans l'Estat qui sera par nous envoyé à sa Majesté pour y avoir egard en faisant le catalogue des véritables nobles de la province. Fait à Montauban le quinze may mil sept cent. (Signé) Le Gendre et plus bas Monseigneur (signé) Musnier.

Le vingt sept may 1700, je, huissier aud. soussigné, signiffié à Me Merigot proc[r] de Charles de La Cour de Beauval et baillé copie en son bureau parlant à Vernhes son commis.

*Signé :* Pailhade, huissier.

# PREUVE N° 67

## Branche des Seigneurs du Coulomé

*(Issue de la branche aînée)*

---

*Extrait des Minutes des Notaires de St-Lary, dioceze et Sénéchaussée d'Auch.*

---

30 septembre 1704 Testament fait le 30 septembre 1704 par noble Philip de La Barthe sieur du Colomé fils a feu noble François de La Barthe aussi sieur du Colomé et a demoiselle Hanrye de Flurian de la ville d'Auch et alors habitant en la maison de la Cabane juridiction de Larroque dioceze et Senechaussée d'Auch, étant au lit malade, par lequel il veut son corps être inhumé dans l'Eglise St-Aurens de la ville d'Auch au tombeau ou ses predecesseurs avoient accoutumés d'être enterrés, il dit être marié avec demoiselle Bernarde de Laval et que de leur mariage avoient été procréés trois enfans vivans nommés François, Joseph-Luce, et Louise de La Barthe, il dit que lors de leur mariage il n'avait été passé d'écrit entre eux et leurs parens que des articles sous signatures privées dattés du dix neuf septembre mil six cent quatre vingt douze sans que depuis ils ayent été redigés en actes public, nonobstant ce, il veut qu'ils ayent la même force et qu'ils soient executés dans toutes les clauses et que foi y soit ajoutée tant par ses successeurs que ceux qu'il appartiendroit, il déclare que quoiqu'il soit dit dans lesdits articles de mariage qu'il seroit fait inventaire de tous les meubles qui seroient dans les maisons de la ville d'Auch ou a la Campagne ensemble des bestiaux appartenant à la ditte demoiselle son épouse, il n'a été fait aucun inventaire et pour y suppléer il veut que tous les meubles et bestiaux étant dans la ditte maison ou il étoit malade et dans celle de la ville d'Auch ou habitoit la demoiselle sa mere et les metairies dittes de la Cabanne, Lou Boupat et la Bordenave situées en la Juridiction dud. Larroque appartiennent a la ditte demoiselle son épouse. Il declare qu'a l'egard des meubles et bes-

tiaux qui étoient dans sa metairie dite du Couloumé Juridiction de Pavie lui appartiennent en propre pour raison de quoy il veut que la ditte demoiselle sa mere avec M. son frère curé de Roquebrune en fassent un petit etat avec les metayers d'icelle pour raison de ce qui pourroit lui être due. Il la fait gouvernante, tutrisse et administraresse des personnes et biens de ses enfants jusqu'à ce qu'ils ayent atteint l'âge de vingt cinq ans bien entendu qu'elle vivroit en veuvage et au cas quelle succombe en secondes noces il veut que le gouvernement de ses dits enfants et de leurs biens jusques à l'age de vingt cinq ans appartienne a la ditte demoiselle de Flurian sa mere et a son deffaut a noble Joseph de La Barthe du Colomé Curé de Roquebrune son frere germain prohibant tout inventaire d'Authorité de Justice. Il legue a demoiselle Louise de La Barthe sa fille pour tous droit ou donnation légitime la quatrieme partie de tous ses biens dont elle seroit payée lorsquelle viendroit à se marier du consentement des demoiselles ses meres et grand mere et au cas qu'elle prenne le party de religion il veut quelle ne puisse pretendre sur ses biens que la somme de douze cent livres payable par son héritier le jour de sa profession et a l'égard du sieur Joseph Luce son dernier fils il lui donne aussi pour droit de legitime, la quatrieme partie de tous ses biens et au cas que lad. demoiselle son épouse soit grosse il veut que le postume soit mâle ou femelle ait pour toute donnation la legitime telle que de droit et il institue son héritier universel le dit sieur François de La Barthe son fils ainé avec droit de substitution de l'un a l'autre telle que de droit et au cas que son dit heritier vienne a prendre le party de l'Eglise il veut que lad. heredité revienne au dit Joseph Luce son dernier fils, et a deffaut de mâle il veut que l'entière heredité appartienne à la ditte demoiselle de La Barthe sa fille ainée et il nomme pour son executeur testamentaire ledit s^r Joseph de La Barthe curé de Roquebrune son frere. Ce testament passé dans lad. maison de la Cabane Juridiction de Larroque, dioceze et Senechaussée d'Auch en présence de M^e Alexandre Larrieu docteur en medecine, de sieur Guillaume Agasson Intendant de Monseigneur le Duc de Roquelaure habitant de la ville d'Auch M^e Anthoine Thezan etudiant audit Auch, François Delor M^e chirurgien de Biran, Claude Palangue, Raymon-Estinegoy Laboureur de Larroque et Jean La Garde habitant de la ville d'Auch et reçu par Jean Duplanté notaire royal habitant de la ville de St Lary et est produit par expeditipn delivrée le 9 Juin 1778 par Sabatier notaire royal de la ville de Jegun sur le registre de feu Jean Duplanté notaire de St-Lary, ledit registre exhibé et retiré par le S^r Alexis Duplanté dudit St Lary et legalisé à Auch le lendemain.

# PREUVE N° 68

## Branche des Seigneurs du Coulomé

*(Issue de la branche aînée)*

---

*Extrait des Minutes des notaires de la ville de Saint-Lary, dioceze et Senechaussée d'Auch.*

---

20 mai 1711. L'an mil sept cens unze et le vingtiesme jour du moys de may, aux maisons de la Hargouste Juridiction de Larroque par devant moy Jean Duplanté notaire royal hereditaire du lieu de Saint-Lary, constitué en sa personne noble François de La Barthe s[r] du Collomé de la ville d'Auch, filz a feu noble Philip de La Barthe assisté de noble Joseph de La Barthe prêtre docteur en theologie curé de Roquebrune son oncle paternel et son curateur nomé d'authorité de Justice lequel vand a Jean Fourcade tissier de lin ses présentes maisons juridiction dud. Larroque cy presant estipulant et acceptant sçavoir est une pièce de terre labourable apellée au Cap de les Vignes de la Cabane, laquelle vante led. sieur vandeur a fait et fait aud. achapteur pour et moyenent le prix et some de vingt livres tournoiz. Ainsy lont promis et jurés aux saints Evangiles, presentz a ce Philip Puyols marchant de Jegun et François Fourcade tissier de lin dudit Larroque. Signés a la cede avec led. sieur de La Barthe non l'achapteur pour ne sçavoir de ce requis par moy. L'original du present a esté controllé et insinué a Jegun fol. 37. N° 658, ce 1er Juin 1711. Cest expedié a esté fait aud. achapteur ce 3e Juin aud. an 1711. (*Signé*) DUPLANTÉ notaire.

# PREUVE N° 69

## Branche des Seigneurs du Coulomé

*(Issue de la branche aînée)*

---

*Extrait des Minutes des notaires de la ville d'Auch, senechaussée de Tholose en Gascogne.*

---

mars 1718 Contrat de mariage de noble François de La Barthe sieur du Colomé habitant de la ville d'Auch fils de feus noble Philippe de La Barthe sieur du Colomé et de dame Bernarde de Laval et assisté de noble Joseph Luce de la Barthe son frère, de Joseph de La Barthe prêtre et curé de Pauilhac et Jacques de La Barthe ses oncles paternels, de noble François de Chavaille de Basailhac prêtre son curateur, de s^r Joseph d'Anglade Conseiller du Roy au sénéchal et Présidial de la ditte ville son oncle maternel, de Mrs Bernard d'Eucoton et Arnaud Boutan avocat en Parlement ses parens, acordé le 3 mars 1718 avec demoiselle Marie des Solles fille de M^re Joseph des Solles conseiller aud. Presidial et de demoiselle Margueritte de La Croix et assistée de ses dits père et mère, de Messieurs François Léonard des Solles doyen du chapitre de Barran, de Jean des Solles avocat en parlement et Joseph des Solles chanoine du chapitre de St-Orens ses freres, de Guilhaume des Cuillées conseiller audit Presidial, Jean Baptiste de Verdun avocat en Parlement, Martial des Cuillées aussy avocat, noble Paul Daignan Conseiller du Roy et son avocat aud. presidial, Jean Baptiste Joseph d'Aignan, Bernard Dufaur s^r de Saint Christau, de Mrs Jean Poromés prêtre et prebendier de l'Eglise Métropolle Sainte Marie d'Auch et André Felix Lafreté prêtre et curé de Pousau, de M^re Gabriel d'Abadie ancien capitaine de cavallerie au regiment de Saint Pouanges, et autres ses parens et amis, en faveur duquel mariage les père et mère de lad. future lui constituent en dot la somme de 6000 livres. Ce contrat passé a Auch devant M^e Pague notaire royal de la ditte ville et cité d'Auch, en presence de Me Jean Carrères avocat en parlement et Frix Bergalasse Me cordonnier habitans dudit Auch, fut controllé et insinué au bureau d'Auch le 14 mars 1718 et est produit par expedition delivrée le 1er avril 1770 par Pâris conseiller du Roy, notaire a Auch, acquereur de l'Etat et office dudit feu Me Pague habitant dudit Auch et légalisé le 26 desdits mois et an.

# PREUVE N° 70

## Branche des Seigneurs du Coulomé

*(Issue de la branche aînée)*

---

*Extrait des Registres des Baptêmes de l'Eglise paroissiale du lieu de Laroque-Ordan, Diocese d'Auch de l'année 1722.*

---

14 may 1722 François Léonard de La Barthe fils a noble François de La Barthe et de Dame Marie des Solles, a été baptisé le 16 de may et né le 14, tenu aux fonts baptismaux par noble Joseph-Luc de La Barthe a la priere de François Leonard des Solles doyen du Chapitre de Barran; marraine, noble Marguerite de La Barthe religieuse des dames Ursulines au couvent du chemin droit d'Auch par moi St Christie curé ainsi signé.

Je soussigné curé de Larcque-Ordan dioceze d'Auch certifie que l'extrait cy-dessus est veritable, qu'il a été tiré mot à mot des registres de l'Eglise parroissiale de La Roque Ordan de l'année 1722. En foi de quoy ai expedié le présent acte a La Roque Ordan ce quinziesme jour du mois de Fevrier mil sept cens soixante dix sept. (Signé) Martin Curé de la Roque Ordan (Et légalisé a Auch le 24 du même mois).

# PREUVE N° 71

## Branche des Seigneurs du Coulomé

*(Issue de la branche aînée)*

---

*Extrait baptistaire des Registres de St Orens de la ville d'Auch.*

---

15 avril 1780 Marc-Antoine fils legitime de noble François de Labarthe et a dame Marie des Solles mariés étant né le quinzieme avril mil sept cens trente a été presenté le lendemain aux fonts baptismaux par M. Joseph des Solles prêtre et chanoine de cette Eglise, faisant pour M. Marc Antoine des Solles prêtre et chanoine de Sainte Marie d'Auch et baptizé par moy soussigné ez présences de Mrs Fabien des Cuillées et Blaize Meilhan Chanoines de cette Eglise qui ont signé avec moy : des Solles Chanoine, des Cuillées prêtre, Meilhan Chanoine, Duran vicaire aussi signé.

Je soussigné curé de l'Eglise St Orens de la ville d'Auch, certifie avoir tiré mot à mot l'extrait cy dessus des registres de la ditte Eglise. En foy de quoy à Auch ce vingt deux avril mil sept cent soixante dix. (Signé) des Cuillées curé de St Orens ( et légalisé à Auch le 26 dudit mois).

# PREUVE N° 72

## Branche des Seigneurs du Coulomé

*(Issue de la branche aînée)*

---

*Extrait des Minutes des Notaires de la ville et Sénéchaussée d'Auch.*

---

6 janvier 1749 Emancipation faite le 6e Janvier 1749 par noble François de La Barthe du Colommé habitant de la ville d'Auch, de la personne de noble François Léonard de La Barthe son fils capitaine dans le regiment de Medoc *(Infanterie)*, absent et stipulant par Courtade notaire royal a Auch, auquel son dit fils il voulait donner des marques de sa bonne volonté pour le soutenir au service du Roy en luy payant par anticipation d'houairie une partie de la légitime qu'il pouroit pretendre sur ses biens et a l'effet que ledit sieur son fils puisse vallablement donner son consentement pour la vente d'une metairie ditte du Hournas située au lieu de Larroque dont ledit sieur pere vouloit ceder une partie du prix a son dit fils pour le retablissement et soutien de sa Compagnie ainsy qu'il le lui avoit écrit et fait écrire par M. de Pérès capitaine au même régiment. Cet acte passé dans la ville et citté d'Auch en présence de Pierre Lassuderie marchand habitant dud. Auch et Michel Laurens charpentier habitant du lieu de Montastruc et reçu par Courtade notaire royal à Auch, fut controllé et insinué aud. Auch le 18 Janvier 1749 et est produit par Expedition délivrée le 10e février 1777 par Brasset notaire royal de la ditte ville, sur l'original trouvé dans les ceddes de Me Courtade cydevant notaire royal de la ditte ville, l'office duquel demeure acquis et réuny au corps des notaires dudit Auch et légalisé le 12e desdits mois et an par Joseph Gabriel de Seissan de Marignan Ecuyer Conseiller du Roy son Juge Mage lieutenant général de la Senechaussée et siège presidial d'Auch.

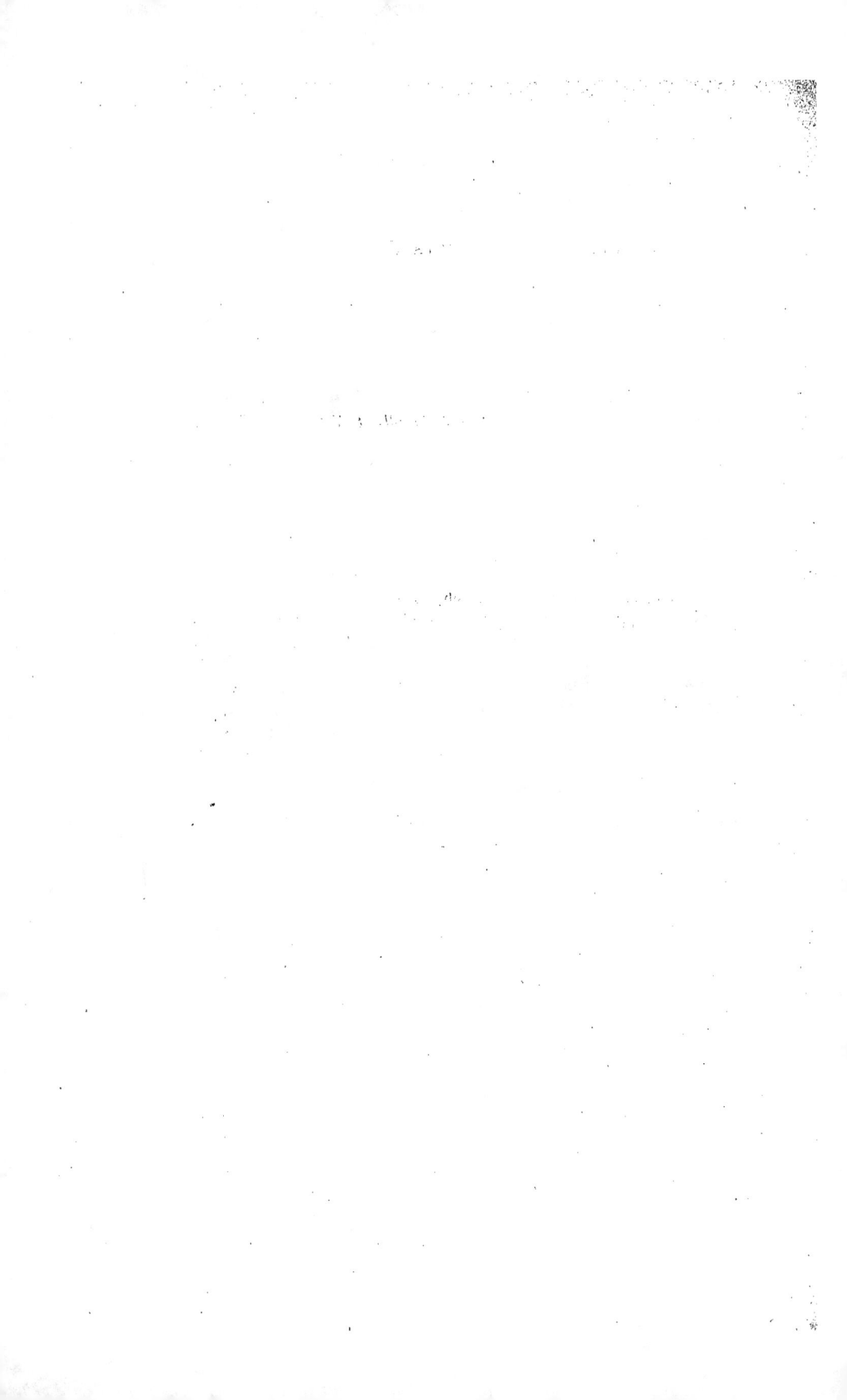

# PREUVE N° 73

## Branche des Seigneurs du Coulomé

*(Issue de la branche aînée)*

---

*Extrait des Minutes des Notaires de la ville de Beaumont, Sénéchaussée d'Auch.*

---

décembre 1760 Contrat de mariage de Messire François Léonard de La Barthe du Colomé Ecuyer chevalier Capitaine au regiment de Medoc (*Infanterie*) demeurant à Auch lorsqu'il n'est pas au regiment, fils de Messire François de La Barthe du Colomé Ecuyer et de feue dame Marie des Solles et assisté de Messire Louis de La Barthe de Giscaro cydevant capitaine au regiment de Medoc pensionné du Roy habitant de la ville de Beaumont, fondé de procuration dudit sieur de La Barthe pere par acte passé devant Davet notaire d'Auch, accordé le 26e decembre 1760 avec demoiselle Anne de Roques fille de messire Jean François de Roques et de dame Jacquette du Pont et d'eux assistée habitans en leur maison de Roques parroisse et Juridiction de Gariès, en faveur duquel mariage ledit Sr de Roques et laditte dame du Pont son épouse constituent en dot a la ditte demoiselle leur fille tous leurs biens y compris l'augment et portion virile stipulé par le contrat de mariage, se reservant la jouissance de la Metairie du Grangé du revenu de 350 livres. Ce contrat par lequel les biens constitués a laditte future sont estimés a la somme de vingt mille livres et ceux dudit futur en totalité a la somme de cinq mille livres, fut passé a Beaumont devant Jean Phœbus Hugueny notaire gradué audit Beaumont en presence de Mes Arnaud Dubor docteur en medecine, Jean Clair Balzac avocat en parlement et de Mr Cosme Le Blanc beau-frère de la ditte future habitans de la ditte ville de Beaumont, fut controllé à Beaumont le même jour.

# PREUVE N° 74

## Branche des Seigneurs du Coulomé

*(Issue de la branche aînée)*

---

*Extrait des Registres de Mariages de l'Eglise Collegialle et paroissialle St Orens de la ville d'Auch.*

---

7 janvier 1762 Noble Marc Antoine de La Barthe lieutenant au regiment de Noailles (*Cavalerie*) et demoiselle Marie Thereze de La Baune ont reçu la bénédiction nuptiale cejourdhuy septième janvier mil sept cent soixante deux en présence de noble François de La Barthe du Colomé pere de l'époux, de Messire Joseph Ignace de La Baune ancien conseiller au Parlement de Toulouse pere de l'épouse, de noble Joseph de La Barthe seigneur de Herran et de Mre Joseph Carrere de Nabat Inspecteur des harras signés avec moy qui ay fait la Cérémonie, de La Barthe epoux, de La Baune epouse, O. prêtre vicaire ainsi signés a l'original.

Je soussigné Curé de l'Eglise paroissiale St Orens d'Auch certifie avoir extrait mot a mot l'acte cydessus des Registres de la susditte Eglise à Auch le 18e février 1777. (Signé) Lecussan curé de St Orens (Et legalisé à Auch le 24 dudit mois).

# PREUVE N° 75

## Branche des Seigneurs du Coulomé

*(Issue de la branche aînée)*

---

*Extrait des Registres de l'Eglise paroissiale de Gariès diocese de Montauban.*

---

28 juillet 1763 Noble Jean François Marie de La Barthe, fils a noble Messire François Léonard de La Barthe, Capitaine au regiment de Medoc et chevalier, de l'ordre militaire de St Louis et de dame Anne de Roques, mariés, de notre paroisse, est né et baptisé le vingt troizième du mois de Juillet de l'année mille sept cent soixante trois. Parrain Mr Jean François de Roques qui a tenu l'enfant en seul, habitant de notre paroisse, qui a signé avec nous. Delpech curé, de Roques parrain, ainsi signés à l'original.

Nous soussigné curé de Gariés au dioceze de Montauban atestons le collationné ci-dessus en tout conforme a son original. Delivré ce premier mars, mille sept cens soixante dix et huit. (Signé) de Girels curé (Et légalisé le même jour par le Sr Dast avocat en Parlement Juge du lieu de Gariès).

# PREUVE N° 76

## Branche des Seigneurs du Coulomé

*(Issue de la branche aînée)*

---

*Extrait des Registres de la paroisse de Gariès dioceze de Montauban.*

---

novembre 1764 Extrait des Registres de la paroisse de Gariès au dioceze de Montauban, portant que Léonard Jean de La Barthe fils de Messire François Léonard de La Barthe chevalier de l'Ordre Royal et militaire de Saint Louis, ancien capitaine au regiment de Medoc (*Infanterie*). Pensionnaire du Roi et de dame Anne de Roques de La Barthe mariés, naquit le cinq de novembre mil sept cent soixante quatre et fut baptisé le huit dudit mois, même année. Cet extrait delivré le 28 de decembre 1772 par le sieur de Girels curé de Gariès et légalisé le 26 de février 1777 par Messire Antoine de La Sudrie Conseiller du Roy, Juge Mage, lieutenant general civil et criminel de la Sénéchaussée de l'Isle-Jourdain en Guienne, ressort du Parlement de Toulouse.

# PREUVE N° 77

## Branche des Seigneurs du Coulomé

*(Issue de la branche aînée)*

---

*Extrait des minutes des Notaires de la ville et Sénéchaussée d'Auch.*

---

juillet 1765 Accord fait le trois Juillet 1765 entre noble Marc Antoine de Labarthe ancien lieutenant au regiment de Noailles (*cavallerie*) d'une part et noble Joseph Julien de La Barthe du Colomé d'autre part habitans de la ville d'Auch et procedans par l'avis et assistance de noble Jean des Solles avocat en parlement, secrétaire du Roy pres la Chancellerie du Parlement de Toulouse et de Messire Marc Antoine Descuilhés prêtre docteur en théologie curé de la paroisse St Orens dudit Auch leurs parens et le dit sieur Joseph Julien de La Barthe encore assisté de Mᵉ Jean Pierre La Porte procureur au Senechal et presidial d'Auch son curateur, tous habitans de la dite ville par lequel ledit Joseph de La Barthe promet payer audit Marc Antoine de La Barthe son oncle la somme de 441 livres 14 sols, sçavoir 400 livres pour sa pension la nourriture de son domestique et de ses cheveaux pendant le tems qu'il avoit resté chez lui et 41 livres 14 sols pour argent qu'il lui avoit prêté, ledit Joseph convenant qu'il n'avoit été pourvu de la lieutenance dans le regiment de cavallerie de Noailles qu'en conséquence de l'accord fait entre ledit sieur Marc Antoine et lui, portant qu'il se demettrait de la ditte lieutenance dont il étoit pourvu et que ledit Joseph lui payeroit la somme de 4000 livres avec les intérêts jusqu'au payement de laditte somme et attendu que les dits intérêts n'avoient point été payés il promet a cet egard luy payer la somme de 150 livres a prendre ainsi que celle de 441 livres 14 sols sur son fermier de la terre de Herran et attendu que noble François de La Barthe pere dudit Marc Antoine et grand père dudit Joseph Julien avoit cedé aud. sieur Marc Antoine sur certaines clauses et conditions l'usufruit qu'il avoit sur certains biens appartenans en propre audit sieur Joseph Julien de La Barthe et que ledit sieur François de La Barthe étoit decedé le vingt trois Juin lors dernier, il est convenu que tous les fruits de la ditte année dépendans du chateau du Colomé seroient partagés par égales portions entre ledit Marc Antoine et ledit Joseph et que le dit sieur Marc Antoine ne pouroit rien demander audit sieur Joseph Julien pour raison des améliorations que ledit sieur Marc Antoine prétendoit avoir fait dans ledit domaine du Colomé et dans la metairie den Coulomat située dans la Juridiction de Pavie 4° Qu'atendu que ledit feu sieur de La Barthe comme ayant l'usufruit du bien dont ledit Joseph devoit jouir depuis son decès, payoit a raison de ce a Madame Barès, a l'hopital et autres crèanciers anterieurs au contrat de mariage du feu sieur Julien pere dudit Joseph, des interêts annuels montans a la somme de 490 livres, il est convenu que ledit sieur Marc Antoine payeroit les intérêts qui avoient courus jusqu'au decès dudit feu sieur François de La Barthe et que ledit Joseph payeroit ceux courus depuis ledit decès ; 5° Qu'atendu que ledit sieur Marc Antoine qui avoit reçu dudit feu de La Barthe son pere la somme de 5000 livres pretendoit que cette somme ne faisoit pas le montant de son entiere legitime et de ce qui devoit lui revenir de sa portion héréditaire de la succession de la dame des Solles sa mere morte *ab intestat*, ledit Joseph qui avoit declaré vouloir s'en tenir aux biens tels qu'ils étoient lors de l'institution contractuelle que ledit feu de La Barthe avoit fait en faveur de Julien son pere lors de son contrat de mariage, promet payer audit Marc Antoine pour tout supplement de legitime et ditte portion hereditaire la somme de mile livres moyennant quoi ledit sieur Marc Antoine renonce a jamais former aucune demande pour raison du supplément de la ditte legitime et succession de sa ditte mere a la charge par ledit sieur Joseph de faire tenir quitte ledit sieur Marc Antoine de la somme de 170 livres qu'il avoit promis de payer au sieur Despiau cy-devant curateur a l'hérédité de la dame de Millet grand mere dudit sieur Joseph. Il est pareillement convenu entre lesdits sieurs Joseph et Marc Antoine ce dernier faisant pour et au nom du sieur Léonard de La Barthe son frere lieutenant au regiment de Noailles (*cavallerie*) que ledit sieur Joseph seroit tenu de payer audit sieur Léonard la somme de 1200 livres pour tout supplement de legitime et portion hereditaire de la succession de la ditte dame des Solles sa mere attendu qu'il n'avait cy-devant reçu de son pere suivant le dire dudit sieur Marc Antoine que la somme de 4300 livres moyennant quoi (stipulant comme dit est) il renonçoit a toute autre demande pour raison des sommes que ledit sieur Joseph devoit audit sieur Marc Antoine tant de son chef que celuy dudit sieur Léonard de La Barthe ; plus il est convenu que led. sieur Joseph bailleroit audit sieur Marc Antoine la propriété de la metairie den Couloumat située dans la Juridiction de Pavie suivant lestimation qui en seroit faite par David et Gyon Labrice bourgeois de la dite ville experts par lesdits Joseph et Marc Antoine de La Barthe et pour plus grande sûreté du présent accord est intervenu MM. François Alexandre de Castera conseiller au Senechal et siège présidial d'Auch et lieutenant en l'election d'Armagnac habitant dudit Auch lequel solidairement pour ledit Joseph de La Barthe promet audit Marc Antoine de La Barthe garantir et faire valoir le present accord a peine de tous dépens, dommaet interets quand a la ditte somme de 4000 livres seulement. Cet acte passé en la ville et cité d'Auch en presence de MM. Joseph Despiau avocat en Parlement et du sieur Bazille Fontaine Marchand bourgeois habitans dud. Auch et devant Davel notaire royal de la ditte ville et sa senechaussée y habitant, fut controllé et insinué a Auch le 16 Juillet 1765.

# PREUVE N° 78

## Branche des Seigneurs du Coulomé

*(Issue de la Branche aînée)*

---

*Extrait baptistaire des Registres de St Orens de la ville d'Auch.*

---

18 avril 1766 Jean Joseph Ignace fils légitime de noble Marc Antoine de La Barthe et de dame Marie Thérèze de La Baune de La Barthe mariés, est né de hier et a éte tenu sur les fonts baptismaux par Messire Joseph Ignace de La Baune ancien Conseiller au Parlement de Toulouse et par Henrie Bajon faisant pour dame Jeanne Josephe de La Barthe, le quatorzième avril mil sept cent soixante six.

Deneits vicaire ainsi signé.

Je soussigné curé de l'Eglise St Orens de la ville d'Auch certifie avoir tiré mot à mot l'extrait cy dessus des Registres de la dite Eglise. En foy de quoy a Auch ce 22e avril mil sept cent soixante dix.

(*Signé*) Descuilhé curé de St Orens

(Et légalisé le 26 dudit mois).

# PREUVE N° 79

## Branche des Seigneurs du Coulomé

*(Issue de la branche aînée)*

---

*Extrait des Minutes des Notaires de la ville et Sénéchaussée d'Auch.*

---

**s 5 décembre et 30 mai 1767**

Articles de mariage de noble Marc Antoine de La Barthe lieutenant au régiment de Noailles (*cavallerie*) fils legitime et naturel de noble François de La Barthe et de feüe dame Marie Dessolles et assisté dudit sieur de La Barthe son père d'une part, arrêtés sous seings privés le 5$^{e}$ de décembre 1761 avec demoiselle Marie Thérèse de La Baune fille legitime et naturelle de Messire Joseph Ignace de La Baune ancien Conseiller au Parlement de Toulouse et de dame Marie Françoise de Perrin et d'eux assistée d'autre part, tous habitans de la ville d'Auch, en faveur duquel mariage les père et mère de la ditte future lui constituent en dot d'un côté le tiers de la somme de dix mile livres qui avoit été reconnue à lad. de Perrin par led. sieur de La Baune son époux et d'autre côté la somme de 4700 livres lesquelles deux sommes le sieur de La Baune fils aîné s'étoit obligé payer par acte du 5$^{e}$ de mars 1760 retenu par Courtade notaire d'Auch, la ditte constitution ainsy faite à la ditte future pour tous droits paternels et maternels et ledit sieur de La Barthe père, cède aud. futur la jouissance de tous les biens, château et bâtiments du Colomé et les rentes, qui lui étoient payées par M$^{rs}$ de Larroque ainsi que celles payées pour raison des Pépinières pour en jouir ainsi que son dit père etoit en droit d'en jouir en vertu des réserves qu'il avoit fait dans le contrat de mariage du feu sieur Julien de La Barthe son fils aîné. Ces articles par lesquels lesdittes parties déclarent que les avantages faits par ledit sieur de La Barthe père, sont de valeur de 3000 livres, furent arrêtés doubles à Auch et d'elles signés et controllés et Insinués à le 30 may 1767 et furent reconnus ledit jour 30 may 1767 par led. noble Marc Antoine de La Barthe chevalier, ancien lieutenant au régiment de Noailles (*cavallerie*) habitant dudit Auch, fils légitime et naturel de feu noble François de La Barthe et de feüe dame Marie Dessolles d'une part. Et dame Marie Thérèze de La Baune épouse dud. Marc Antoine de La Barthe fille légitime et naturelle de Messire Joseph Ignace de La Baune ancien conseiller au Parlement de Toulouse et de dame Marie Françoise de Perrin et assistée de sesdits père et mère d'autre part, l'acte de cette reconnaissance passé en la ville d'Auch, devant Lagelle notaire royal de la ditte ville y habitant, en présence de Me Augustin Bissière procureur au Sénéchal d'Auch et du Sr Louis Ducru praticien habitants dudit Auch.

---

# PREUVE N° 80

## Branche des Seigneurs du Coulomé

*(Issue de la branche aînée)*

---

e La Barthe

Armagnac

1777

*PROCÈS VERBAL DES PREUVES DE LA NOBLESSE de Jean Joseph Ignace de La Barthe agréé par le Roy pour être admis au nombre des gentilshommes que Sa Majesté fait élever dans les Ecoles Royales Militaires.*

---

1er Degré

Produisant

Joseph Ignace
La Barthe

1766

Extrait des Registres de batêmes de l'Eglise Saint-Orens de la ville d'Auch portant que Jean Joseph Ignace fils légitime de noble Marc Antoine de La Barthe et de dame Marie Thérèse de La Baune sa femme naquit le 13 avril mil sept cens soixante six et fut batisé le lendemain. Cet extrait signé Descuilhé curé de St-Orens est legalisé.

*Ecartelé aux 1 et 4 d'or a 3 pals de gueules. Aux 2 et 3 d'argent à 3 flammes ou fumées d'azur ondées en pal et mouvante de la pointe de l'Ecu.*

---

I° Degré

Père

rc Antoine
La Barthe
rie Thérèse
La Baune
sa femme

Articles de mariage de Marc Antoine de La Barthe lieutenant au régiment de Noailles (*Cavalerie*), fils légitime et naturel de noble François de La Barthe et de feue dame Marie Dessolles arrêtés sous seings privés en la ville d'Auch le 5e de décembre mil sept cens soixante et un avec demoiselle Marie Thérèse de La Baune fille légitime et naturelle de Messire Joseph Ignace de La Baune ancien conseiller au Parlement de Toulouze et de dame Marie Françoise de Perrin tous demeurant en la ditte ville d'Auch. Ces articles sont signés par les parties contractantes — Extrait des registres de mariage de l'Eglise collégiale et paroissiale de St-Orens de la ville d'Auch portant que noble Marc Antoine de La

Barthe lieutenant au régiment de Noailles, (*Cavalerie*) et demoiselle Marie Thérèze de La Baune reçurent la bénédiction nuptiale le 7e de janvier mil sept cens soixante-deux. Cet extrait signé Lecussan curé de St-Orens est légalisé.

1761 Extrait des registres des batêmes de l'Eglise de St-Orens de la ville d'Auch portant que Marc Antoine fils légitime de noble François de La Barthe et de dame Marie Dessolles sa femme, naquit le 15 avril mil sept cens trente et fut baptisé le lendemain — Cet extrait signé Descuilhé curé de St-Orens de la ville d'Auch est legalisé.

III° Degré

---

Ayeul

Reprendre la suite jusqu'à mon certificat exclusivement au Procès Verbal des preuves ne noblesse de Léonard Jean cousin germain dudit produisant dressé et signé par moi le 1er d'aoust mil sept cent soixante dix-sept. (*Voir preuve 81*).

---

Nous Antoine Marie d'Hozier de Serigny chevalier, juge d'armes de la noblesse de France, et en cette qualité commissaire du Roy pour certifier à Sa Majesté la noblesse des Elèves des Ecoles royales militaires, Chevalier Grand Croix honoraire de l'ordre royal de St-Maurice et Lazare de Sardaigne.

Certifions au Roi que Jean Joseph Ignace de La Barthe a la noblesse requise pour être admis au nombre des gentilshommes que Sa Magesté fait élever dans les Ecoles Royales Militaires ainsi qu'il est justifié par les actes énoncés et visés dans ce procès verbal que nous avons dressé et signé à Paris le 10e jour d'aoust mil sept cent soixante dix-sept.

D'HOZIER DE SERIGNY.

# PREUVE N° 81

## Branche des Seigneurs du Coulomé

*(Issue de la branche aînée)*

De La Barthe

Armagnac

1777

*PROCES VERBAL DES PREUVES DE LA NOBLESSE de Léonard Jean de La Barthe, agréé par le Roi pour être admis au nombre des gentilshommes que Sa Majesté fait élever dans les Écoles royales Militaires.*

Ier Degré

Produisant

Léonard Jean de La Barthe

1764

Extrait des Registres de la paroisse de Gariès diocèse de Montauban portant que *Léonard Jean* de La Barthe fils de Messire François Léonard de La Barthe chevalier de l'ordre royal et militaire de St-Louis ancien capitaine au régiment de Medoc (*Infanterie*) Pensionnaire du Roy et de dame Anne de Roques sa femme naquit le 5 novembre 1764 et fut batisé le 8 dudit moys même année. Cet extrait signé de Giret curé de Gariès et legalisé.

*Ecartelé aux 1 et 4 d'or à 3 pals de gueules; aux 2 et 3 d'argent à 3 flammes ou fumées d'azur ondées en pals et mouvantes de la pointe de l'Ecu.*

IIe Degré

Père

François Leonard de La Barthe du Colomé Anne de Roques sa femme

1760

Contrat de mariage de Messire *François Léonard* de La Barthe du Colomé Escuyer, chevalier capitaine au régiment de Medoc (*Infanterie*) demeurant à Auch lorsqu'il n'est pas au régiment fils de Messire François de La Barthe du Colomé Escuier et de feue dame Marie Dessolles accordé le 26e de décembre mil sept cens soixante avec demoiselle Anne de Roques fille de Messire Jean François de Roques et de dame Jacquette du Pont son épouse demeurant en leur maison de Roques paroisse et juridiction de Gariès. Ce contrat fut passé en la ville de Beaumont devant Jean Phœbus Hugueny notaire en la ditte ville.

1722 Extrait des registres des batêmes de l'Eglise paroissiale de la Roque
Ordan diocese d'Auch portant que François Léonard de La Barthe fils de
noble François de La Barthe et de dame Marie Dessolles naquit le 14 de
may mil sept cens vingt-deux et fut batisé le surlendemain. Cet extrait
signé Martin curé de La Roque-Ordan et légalisé.

---

IIIe Degré Contrat de mariage de noble François de La Barthe sieur du Colomé
demeurant en la ville d'Auch fils de feu noble Philippe de La Barthe
Ayeul sieur du Colomé et dame Bernarde de Laval accordé le 3e de Mars mil sept
cens dix-huit avec demoiselle Marie Dessolles fille de Joseph Dessolles
conseiller au presidial d'Auch et de demoiselle Marguerite de La Croix.
François de LaBarthe du Coulomé Ce contrat passé audit Auch devant Pague notaire royal de la même
Marie Dessolles sa femme ville est produit par expedition delivrée le 1er d'avril 1770 par Paris,
aussi notaire à Auch, acquéreur de l'office de feu ledit Pague demeurant
en laditte ville et légalisé.
1718 Extrait des registres des batêmes de l'Eglise metropolitaine de
Ste-Marie de la ville d'Auch portant que François de La Barthe fils de
noble Philippe de La Barthe sieur du Couloumé et de demoiselle Bernarde de Laval sa femme naquit le 21e de mars de l'an mil six cent
quatre-vingt fut batisé le lendemain et eut pour parrain noble François
1680 de La Barthe. Cet extrait signé Souquere vicaire de laditte Eglise et
légalisé.

---

IVe Degré Article de mariage de noble *Philippe* de La Barthe sieur du Couloumé fils de noble François de La Barthe écuyer et de demoiselle
Henrie de Fleurian sa femme, arrêtés sous seings privés à Auch le 19 de
Bisayeul septembre mil six cens quatre-vingt-douze avec demoiselle *Bernarde de
Laval* fille de feu François de Laval conseiller au presidial d'Auch et de
Philippe de La Barthe du Coulomé demoiselle Claire de Lebé épouse en secondes noces de Monsieur Joseph
Bernarde de Laval sa femme d'Anglade. Ces articles sont signés par les parties contractantes et autres
leurs parents et amis.
Jugement rendu à Montauban le 15 de May mil sept cens par Mr le
1692 Gendre de Lormoy Intendant en la généralité de Montauban par lequel
noble Philippe de La Barthe sieur du Couloumé fils de noble François
de La Barthe sieur de Horgues et de demoiselle Henriette de Fleurian est
maintenu en la qualité de noble et il est ordonné qu'il jouira ensemble ses
enfants et postérité nés et à naître en légitime mariage de tous les privilèges honneurs et exemptions dont jouissent les gentilshommes du
1700 royaume en conséquence de quoy ledit sieur de La Barthe seroit compris
dans l'état qui seroit envoyé au Roy par ledit intendant pour y avoir
égard en faisant le catalogue des véritables nobles de la province. Ce
jugement est signé Le Gendre.

Extrait des registres des batêmes de l'église paroissiale de St-Orens de la ville d'Auch portant que Philippe fils de noble François de La Barthe sieur de Horgues et de dame Henrie de Fleurian sa femme naquit
1665 le 27e de septembre mil six cens soixante cinq et fut batisé le 9e d'octobre de la même année. Cet extrait signé Lecussan curé de St-Orens est légalisé.

---

Nous Antoine Marie d'Hozier de Serigny chevalier, Juge d'armes de la noblesse de France et en cette qualité commissaire du Roy pour certifier à Sa Majesté la noblesse des Elèves des Ecoles royales militaires, Chevalier, Grand croix honoraire de l'ordre Royal de St-Maurice et Lazare de Sardaigne.

Certifions au Roi que Léonard Jean de La Barthe a la noblesse requise pour être admis au nombre des gentilshommes que Sa Majesté fait élever dans les Ecoles royales militaires ainsy qu'il est justifié par les actes énoncés et visés dans ce Procès Verbal que nous avons dressé et signé à Paris le 1er jour d'aout de l'an mil sept cens soixante dix-sept.

D'HOZIER DE SERIGNY.

# PREUVE N° 82

## Branche des Seigneurs de Montlau

*(Issue de la branche aînée)*

Mairie de Castillon, Arrondissement de Libourne (Gironde).

*Extrait des registres des Baptêmes, fiançailles, mariages, mortuaires de la paroisse de St-Symphorien de Castillon.*

Fiançailles de Jean Baptiste de La Barthe et de Dlle Marie de Queyssac

21 novembre 1741

L'an mil sept cent quarante un et vingt-unième jour du mois de novembre s[r] Jean Baptiste de Labarthe, escuyer, avocat au Parlement de Bordeaux, fils naturel et légitime de noble Sylvain de Labarthe, conseiller secrétaire du Roy et de dame Margueritte de Queyssac ses père et mère, habitants de la ville de Bordeaux paroisse St-Michel a fiancé demoiselle Marie de Queyssac, fille naturelle et légitime de noble Jean de Queyssac escuyer et de dame Marie de Cazenave, ses père et mère d'autre part, habitants de la paroisse de Castillon ; en présence de s[r] noble Jacques de Queyssac, de s[r] Jean Lawaich, prêtre, docteur en théologie, s[r] Pierre Boyer, s[r] Me Pierre Jay. La céremonie a éte faite par s[r] Jean de Cazenave, docteur en théologie, curé de la paroisse de St-Seurin, diocèse de Périgueux qui a signé avec moy curé, qui a été présent.

Signé : Cazenave curé de Saint-Seurin, Marie Queyssat, De Labarthe, De Queyssat, de La Barthe père, Marie Cazenave de Queyssat, De Queissat, Queisac, Lawaich, Jay, Lavaich, vicaire de Montague, Amade curé.

Pour extrait conforme :
Castillon ce 18 septembre 1893
*P. le maire absent,*
TAUZIA, *adjoint.*

# PREUVE N° 83

## Branche des Seigneurs de Montlau

*(Issue de la branche aînée)*

---

Mairie de Castillon, Arrondissement de Libourne (Gironde)

*Extrait des Registres des baptêmes, fiançailles, mariages, mortuaires de la paroisse de Saint-Symphorien de Castillon.*

---

Mariage de Jean Baptiste de Labarthe et de Marie de Queyssac

Septembre 1743

L'an mil sept cent quarante trois et le vingt-huitième jour du mois de septembre, après la cérémonie des fiançailles, faite le vingt unième jour du mois de novembre mil sept cent quarante un, entre Sieur Jean Baptiste de Labarthe, avocat au Parlement de Bordeaux, fils légitime de Sieur Sylvain de Labarthe, conseiller du Roy, secrétaire du Parlement de Bordeaux, et de dame Margueritte de Queyssac, ses père et mère, habitants de la ville de Bordeaux, paroisse Saint-Michel d'une part, et demoiselle Marie de Queyssac, fille légitime de noble Jean de Queyssac, écuyer, et de dame Marie de Cazenave, ses père et mère, habitans de la ville de Castillon d'autre part.

Après avoir publié les bans de leur futur mariage aux messes de paroisse pendant trois dimanches consécutifs, sans qu'il soit venu à ma connaissance aucun empêchement et sur le certificat de Sieur le curé de Saint-Michel de Bordeaux de la publication des trois bans dans son église, et de son consentement, et de celui des pères et mères des contractans, je leur ai imparti la bénédiction nuptiale après qu'ils s'y sont disposés l'un et l'autre par la réception des Sacrements de Pénitence et d'Eucharistie. En présence d'Antoine Duval, marchand, d'Etienne Gendron Me sellier, de Michel Timbaud Me serrurier, et de Pierre Clairac Me cordonnier.

Signé au Registre : Marie Quayssat, de Labarthe, Denabade, Gendron, Michel Timbaut, Pierre Clairac, Amade, curé de Castillon.

Pour extrait conforme :

*Castillon, le 18 septembre 1893,*

P. le Maire absent,

TAUZIA, adjoint.

# PREUVE N° 84

## Branche des Seigneurs de Montlau

*(Issue de la branche aînée)*

---

*Extrait du Registre des actes de Baptêmes de la Commune de Saint Magne, Canton de Castillon (Gironde).*

---

Naissance de an François de rbe de La Barthe

1 juillet 1780

L'an mil sept cent quatre vingt et le vingt unième jour du mois de juillet, je soussigné ai baptisé un fils légitime de Messire Jean Sylvain de Barbe de La Barthe, écuyer, et de dame Jeanne Suzanne de Bonneau, habitants de cette paroisse au château de Mansy. Cet enfant est né aujourd'hui, on lui a donné le nom de Jean François. Le parrain a été Messire Jean de Barbe de La Barthe, conseiller du Roi, notaire, secrétaire honoraire près le Parlement de Bordeaux, son aïeul, représenté par Pierre Lauterete, tonnelier, habitant de Castillon, et la marraine dame Jeanne de Chillau, épouse de Messire Alexandre Elie de Bonneau, seigneur de Madailhan, chevalier de l'ordre de Saint-Lazare, ancien officier au régiment de Forez, sa tante, représentée par Jeanne Guilhon habitante de cette paroisse. Pierre Lauterète a signé, Jeanne Guilhon a déclaré ne savoir, de ce requis par moi.

Signé Lauterète et Letellier Archiprêtre.

Pour copie conforme :
*Saint Magne, le 31 octobre 1893,*
Le Maire,
G. DE GUILHEMANSON.

# PREUVE N° 85

## Branche des Seigneurs de Montlau

*(Issue de la branche aînée)*

---

*Extrait du Registres des actes de Baptêmes de la commune de Saint-Magne, canton de Castillon (Gironde).*

---

Naissance de Dominique Jacques de Barbe de La Barthe

4 juin 1782

L'an mil sept cent quatre vingt deux le quatrième jour du mois de Juin, Je soussigné ai baptisé un fils légitime de Messire Jean Sylvain de Barbe de La Barthe écuyer et de dame Jeanne Suzanne de Bonneau habitants de cette paroisse au chateau de Mansy. Cet enfant est né aujourd'hui ; on lui a donné le nom de Dominique Jacques. Le parrain a été Messire Jacques Cazenave de Lugagnac et la marraine dame Anne Benoit son épouse habitants de la paroisse de Vélines (Dordogne), représentés par s[r] Dominique Laforgue régent d'Ecole de cette paroisse et Marie Filisdeau, habitante de Belvès. Le premier a signé, celle-ci a déclaré ne savoir, de ce requise par nous.

Signe : Collé vicaire de St-Magne et Dominique Laforgue.

Pour copie conforme :
St-Magne le 31 octobre 1893
*Le Maire,*
G. de GUILHEMANSON.

# PREUVE N° 86

## Branche des Seigneurs de Montlau

*(Issue de la branche aînée)*

---

*Extrait du registre des actes de Baptêmes de la commune de Saint-Magne canton de Castillon (Gironde).*

---

Naissance de Marie Jeanne de Barbe de La Barthe

1er mai 1788

L'an mil sept cent quatre vingt trois et le trois du mois de Mai, Je soussigné ai baptisé une fille de Messire Jean Sylvain de Barbe de La Barthe écuyer et de dame Catherine de Bonneau habitants de cette paroisse au chateau de Mansy. Cette enfant naquit avant hier, on lui a donné le nom de Marie Jeanne. Le parrain a été sieur Jean Louis de Bonneau chevalier de l'ordre de St-Lazare officier au régiment de Forez, lesquels ont été représentés par Pierre Longui et Jeanne Lavau domestiques qui ont déclaré ne savoir signer de ce requis par nous.

*Signé:* Letellier archiprêtre,
Pour copie conforme,
Saint-Magne, le 31 octobre 1893
Le Maire,
G. de GUILHEMANSON.

# PREUVE N° 87

## Branche des Seigneurs de Montlau

*(Issue de la branche aînée)*

---

Mairie de Saint Magne

*Extrait des registres des actes de baptêmes (Etat civil) de la commune de Saint Magne, canton de Castillon (Gironde).*

---

Naissance de Barbe Jean Jacques

9 décembre 1784

L'an mil sept cent quatre vingt quatre et le neuvième jour du mois de décembre, Je soussigné ai baptisé un fils légitime de Monsieur Jean Sylvain de Barbe de La Barthe écuyer et de dame Suzanne de Bonneau habitants de cette paroisse. Cet enfant est né aujourd'hui, on lui a donné le nom de Jean Jacques. Le parrain a été Monsieur Jacques Cazenave de Lugaignac et la marraine dame Anne Benoit son épouse habitants de la paroisse de Vélines lesquels ont été représentés par Jean Duran requérant et Jeanne Lavau servante qui ont déclaré ne savoir signer de ce requis par nous.

*Signé :* Le Tellier archiprêtre
Pour copie conforme,
Saint Magne le 4 Juin 1893,
Le Maire,
G. DE GUILHEMANSON.

# PREUVE N° 88

## Branche des Seigneurs de Montlau

*(Issue de la branche aînée)*

---

Mairie de Saint-Cloud (Seine-et-Oise).

*Extrait du Registre des actes de décès pour l'année 1886, n° 54.*

---

Décès de [Fon]tenelle Margue[ri]te Amable veuve de La Barthe

12 mai 1886

L'an mil huit cent quatre vingt six, le treize mai, à neuf heures et demie du matin, devant nous, Joseph Léon Fourmigault, adjoint au Maire de la ville de Saint-Cloud, faisant par délégation les fonctions d'officier de l'État-Civil, ont comparu: Les sieurs Romain Raymond, Jules Foi Regimbart, âgé de trente neuf ans, attaché au Ministère des Finances, demeurant à Paris, rue de Calais, numéro six, petit fils de la défunte et André Marie, âgé de soixante six ans, jardinier, demeurant à Saint-Cloud, rue Mulet, numéro deux, non parent de la défunte ; lesquels nous ont déclaré que : Marguerite Amable de Fontenelle, rentière, âgée de quatre vingt dix ans et demi, née à Semens, canton de Saint-Macaire (Gironde), le vingt deux novembre mil sept cent quatre vingt quinze, est décédée hier, douze mai, à dix heures du matin, en son domicile à Saint-Cloud, avenue du Calvaire, numéro huit, veuve de Louis Barbe de La Barthe. La défunte, fille de feu de Fontenelle et de Savignac son épouse (sans autres renseignements).

Et après nous être assuré du décès, nous avons dressé le présent acte que les déclarants ont signé avec nous après lecture faite.

Signé au Registre : Regimbart-André-Marie.

L'adjoint délégué : Fourmigault.

Pour expédition conforme, délivrée à la Mairie de Saint-Cloud, le vingt six mai 1893.

P. le Maire,
LEGUAY adjoint.

# PREUVE N° 89

## Branche des Seigneurs de Montlau

*(Issue de la Branche aînée)*

---

Commune de Saint-Magne.

*Extrait du Registre des actes de baptêmes (naissance) de la commune de Saint-Magne, canton de Castillon (Gironde).*

---

Naissance de Suzanne de Barbe de La Barthe

15 juin 1786

L'an mil sept cent quatre vingt six, le quinzième jour du mois de juin, je soussigné, ai baptisé une fille de Monsieur Jean Sylvain de Barbe de La Barthe, écuyer et de Demoiselle Suzanne de Bonneau. Cette enfant est née aujourd'hui ; on lui a donné le nom de Suzanne. Le parrain a été Jean François de Barbe écuyer, frère de l'enfant et la marraine Demoiselle Suzanne de Lavaich, représentée par Demoiselle Deschamps, lesquels ont déclaré ne savoir signer de ce requis par moi.

Signé : Letourny, Vicaire.

Pour copie conforme ;

*St Magne, le 13 octobre 1893.*

Le Maire,

G. de Guilhemanson.

# PREUVE N° 90

## Branche des Seigneurs de Montlau

*(Issue de la branche aînée)*

---

Commune de St-Magne.

*Extrait des Registres des actes de Baptême (naissance) de la commune de St-Magne, canton de Castillon (Gironde).*

---

Naissance de [S]uzanne de Barbe [d]e La Barthe

[5 d]écembre 1787

L'an mil sept cent quatre vingt sept le cinq décembre, Je soussigné, ai baptisé une fille légitime de Monsieur Jean Sylvain de Barbe de La Barthe écuyer et de demoiselle Suzanne de Bonneau. Cette enfant est née aujourd'hui, on lui a donné le nom de Suzanne. Le parrain a été Monsieur Jean-François de Barbe et la marraine demoiselle Marie de Barbe ses frère et sœur.

En foi de quoi
*Signé* : Letourny vicaire
Pour copie conforme
St-Magne le 13 octobre 1893
Le Maire
G. de Guilhemanson

# PREUVE N° 91

## Branche des Seigneurs de Montlau

*(Issue de la branche aînée)*

---

Commune de St-Magne.

*Extrait du Registre des actes de baptême (naissance) de la commune de St-Magne, canton de Castillon (Gironde).*

---

Naissance de Louis Jean Sylvain de Barbe De La Barthe

1789

L'an mil sept cent quatre vingt neuf, le 12 mars, Je sousssigné ai baptisé un fils légitime de Monsieur Jean Sylvain de Barbe de La Barthe, écuyer, seigneur de Monleau et autre lieu et de dame Suzanne de Bonneau habitants actuellement de cette paroisse. On lui a donné le nom de Louis Jean Sylvain. Le parrain a été Jean Durand vigneron et la marraine Françoise La Pierre habitants de cette paroisse lesquels ont déclaré ne savoir signer de ce requis par moi.

*Signé :* LETOURNY vicaire
Pour copie conforme :
St-Magne le 13 octobre 1893
Le Maire
G. DE GUILHEMANSON.

# PREUVE N° 92

## Branche des Seigneurs de Montlau

*(Issue de la branche aînée)*

---

Mairie de Castillon

*Extrait des Registres de l'Etat-civil de la commune de Castillon, arrondissement de Libourne, Département de la Gironde.*

---

Décès de
rre Jean Barbe
le La Barthe

eptembre 1792

Le douzième jour du mois de septembre mil sept cent quatre vingt douze, l'an quatrième de la liberté a été enseveli Pierre Jean Barbe La Barthe, époux de Demoiselle Marie Queyssat, décédé hier sur cette paroisse muni des sacrements d'extrême-onction, âgé de soixante dix huit ans.

*Signé*: Jay curé.
Pour copie conforme:
Castillon le 30 octobre 1893
Le Maire
Léon Gagnard.

# PREUVE N° 93

## Branche des Seigneurs de Montlau

*(Issue de la branche aînée)*

Commune de Cursan.

*Extrait des Registres des actes de l'Etat-civil de la commune de Cursan déposés au greffe du Tribunal civil de Bordeaux (Gironde).*

Décès de Barbe Jean

5 avril 1837

Du cinq avril mil huit cent trente sept à quatre heures du soir, acte de décès de Mr Barbe Jean Sylvain, sans profession, décédé aujourd'hui à midi chez lui au lieu de Rooul, âgé de quatre vingt onze ans, né dans la commune de Castillon, chef-lieu de canton, arrondissement de Libourne, demeurant dans la commune de Cursan au lieu dit de Rooul, canton de Créon arrondissement de Bordeaux (Gironde), veuf de Bonneau Suzanne fils légitime de Mr Barbe Jean et de dame Queyssat Marie, de leur vivant sans profession. Sur la déclaration à moi faite par les sieurs Frien Pierre vigneron âgé de vingt neuf ans et Béchade François sans profession âgé de quarante-huit ans non parents et voisins du décédé demeurant commune de Cursan canton de Créon (Gironde) ledit Béchade a signé avec nous maire non ledit Frien qui a déclaré ne savoir faire après lecture, constaté par moi maire suivant la loi faisant les fonctions d'officier public de l'Etat-civil, signé au registre Béchade. Drouillé maire.

Délivré à Bordeaux ce 15 janvier 1897.

*Le greffier du Tribunal,*

J. Belloc.

# PREUVE N° 94

## (Supplémentaire)

*Extrait des Registres de la Paroisse de Campagne, diocèse de Sarlat en Perigord.*

1er avril 1707

Certificat donné a Campagne le 31 Juillet 1746 par le sieur Fontenille prieur curé de la paroisse de Campagne, portant qu'ayant lu le Livre Journal de Messire Jean de La Barthe sieur de Lile où étoit la naissance de ses enfants et qu'après l'avoir confronté avec les registres de la ditte paroisse de Campagne il l'avait trouvé touchant la naissance de Jean Louis son aîné, de Guilielmine de La Barthe sa fille aînée et de Françoise de La Barthe sa fille cadette conforme auxd. registres et que Marc de La Barthe son second fils étoit couché sur son dit Livre Journal né le 1er du mois d'avril 1707 et qu'il avoit trouvé dans les Registres du Curé Mediat une lettre à luy écrite par le sieur de Lile qui luy marquoit la naissance de son dit fils Marc, que le sieur curé avoit oublié de coucher sur les Registres. Ce certificat signé Fontenille prieur et curé fut legalisé le 2 aoust 1746 par Denis Alexandre Le Blanc Evêque baron et Seigneur de Sarlat.

# PREUVE N° 95

## (Supplémentaire)

Mairie de Castillon

*Extrait des Registres pour la paroisse de Saint-Symphorien de la ville de Castillon sur Dordogne.*

Baptême de Henry Césard de Barbe

24 novembre 1717

Le vingt quatrième novembre mil sept cent dix-sept a esté baptisé Henry Césard de Barbe, fils naturel et légitime de Monsieur Silvain de Barbe, sieur La Barthe avocat en parlement et de damoiselle Margueritte Quayssat, son épouse, de cette paroisse, né le jour précédant. A eu pour parrain M. Henry César de Barbe sieur du Colombat docteur en médecine et pour marraine damoiselle Anne Trapaut. Le père a signé de ce requis. Fait par moy soubsigné.

Signé au registre : De La Barthe père. P. Bauri curé.

Pour extrait certifié conforme :
Castillon le 12 octobre 1897
*Le Maire,*
L. Gay.

# PREUVE N° 96

## (Supplémentaire)

---

Mairie de Castillon

*Extrait des Registres pour la paroisse de St-Symphorien de la ville de Castillon sur Dordogne.*

---

Baptême de Catherine Barbe de La Barthe

14 juin 1719

Le quatorzième Juin mil sept cent dix et neuf a esté baptisée Catherine Barbe de La Barthe, fille naturelle et légitime de M. Silvain Barbe de La Barthe advocat au parlement et de Mademoiselle Marguerite Quaysat, ses père et mère. Elle a eu pour parrain Monsieur Messire Charles de Laberterin, chevalier Seigneur du Crot Muzon Lagasquairie et Mademoiselle Quaysat Lavaich marraine au lieu et place de Catherine de Barbe damoiselle famme au sieur Jean Moutard de Lespine, tante paternelle, qui ont signé avec moy, prestre soubsigné, faisant pour Monsieur le curé malade, née le jour d'hyer.

Signé au registre : de La Barthe père, de Laberterin parrain Queissat marraine, Lavaich, Salisse prêtre.

Pour extrait certifié conforme :
Castillon 12 octobre 1897
*Le Maire,*
L. Gay

# PREUVE N° 97

## (Supplémentaire)

---

*Extrait des Minutes des notaires royaux du Chastelet de Paris*

---

22 mars 1732

Contrat de mariage de Messire Marc de La Barthe écuyer, seigneur de Vezat, demeurant ordinairement en la ville de Saint-Cyprien, en Perigord, étant alors à Paris, logé rue Neuve et paroisse St-Eustache, assisté de Jean Baptiste Simon de Boyer écuyer, sieur de la Boyssière et de Saint-Loup, Trésorier général des Etats de Bretagne, demeurant rue Montmartre, ditte paroisse St-Eustache au nom et comme fondé de procuration de Mᵉ Jean de La Barthe escuyer, seigneur de Lisle et de dame Françoise de Longua son épouse, père et mère du dit futur, laditte procuration passée devant Barrière, notaire en laditte ville de St-Cyprien, le 10ᵉ de février 1732, acordé le 22 mars audit an 1732 avec Damoiselle Marie Magdelene Bart, majeure de 25 ans passés, fille de deffunt Mᵉ Jean Bart escuyer, chevalier de l'ordre royal et militaire de Saint-Louis, chef d'escadre des armées navalles du Roy et de deffunte Dame Marie Jacqueline Tughe son épouse, la ditte future demeurante en la maison de la communauté de St-Chaumont, rue St-Denis, paroisse St-Laurent, lesdittes parties procédentes de l'avis et en présence de demoiselle Magdelene Françoise Le Gras, fille majeure amie de laditte Bart, en faveur du quel mariage ledit sieur de La Boissière, conformément à laditte procuration desdits sieur et dame de La Barthe constitue en dot audit futur leur fils savoir au nom dudit sieur de La Barthe père, la moitié de tous et chacun ses biens présens et avenir dans laquelle moitié seroit comprise la tierce partie promise par ledit sieur à un de ses enfants par son contrat de mariage du 14 may 1704 et au nom de laditte dame mère pareillement la moitié de tous et chacuns ses biens, s'engageant de plus lesdits sieur et dame, père et mère, dudit futur de le nourrir et au cas d'incompatibilité consentant qu'il jouisse du repaire noble de Vezat ensemble des rentes à eux dues sur la ville de St-Cyprien en Périgord ; et en faveur aussi dudit mariage laditte future se constitue en dot tous et chacuns ses biens meubles et immeubles qu'elle déclare se monter à la somme de 5,000 livres, Ce contrat passé à Paris en la maison de laditte damoiselle Le Gras, rue de Cléry, paroisse St-Eustache devant de La Balle et Marchand qui en retint la minutte, conseiller du Roy, notaire au Chatelet de Paris. A la suitte est laditte procuration donnée le 10e de février 1732 par Messire Jean de La Barthe, écuyer Seigneur de Lisle et dame Françoise de Larmandie de Longua, dame son épouse, habitans de la ville de St-Cyprien, à Jean Baptiste Simon de Boyer écuyer sieur de La Boissière et de St-Loup, Trésorier général des États de Bretagne pour consentir au nom desdits Seigneur et dame constituans au mariage d'entre Messire Marc de de La Barthe écuyer Seigneur de Vezat leur fils aîné et damoiselle Marie Magdeleine Bart, fille de feu Messire Jean Bart escuyer, chevalier de l'ordre royal et militaire de St-Louis, chef d'escadre des armés navalles du Roy et de dame Marie Jacqueline Tughe son épouse et constituer audit futur, savoir au nom dudit Seigneur de Lisle son père, la moitié de tous et chacuns ses biens présens et avenir en laquelle moitié seroit comprise la tierce promise par ledit Seigneur de Lisle à un de ses enfans par son contrat de mariage du 14 may 1704 et au nom de laditte dame de Larmandie pareillement la moitié de tous ses biens dotaux et en outre s'engager audit nom de nourir et entretenir lesdits futurs et leur famille et consentir en cas d'incompatibilité de séparation desdits futurs d'avec lesdits sieur et dame de Lisle qu'ils jouissent du repaire noble de Vezat avec ses dépendances ensemble des rentes dues aux dits Seigneurs et dames constituans sur laditte ville de St-Cyprien en Périgord. Cet acte passé en laditte ville de St-Cyprien, en présence de Jean Guillaume de la Vergnie sieur du Bousquet de Pechautier et Jean Martin, sieur du Cluzeau habitans de laditte ville et reçu par Barrière, notaire royal et légalisé le 21e fevrier 1732, par Guillaume Jarlan et sieur de la Carrière, Juge civil et criminel de la ville et Juridiction de St-Cyprien.

# PREUVE N° 98

## (Supplémentaire)

---

*Extrait des registres de baptêmes de l'Eglise Ste-Marie de Sarlat en Perigord.*

---

8 mars 1735

Extrait des registres des baptêmes de l'Eglise paroissiale Ste-Marie de Sarlat, portant que Marie de La Barthe, fille légitime de Messire Marc de La Barthe et de dame Marie Magdeleine Bart, mariés, naquit et fut baptisée le 3 mars 1735 et reçut le supplément des cérémonies du batême, le 20ᵉ avril de la même année. Le parrain Messire François de Roffignac, comte de Marsac, Seigneur de Torsac et autres lieux. La marraine, dame Marie de La Barthe, veuve de Messire de La Barde. Cet extrait délivré le 14ᵉ juin 1746, par le sieur Reynal, vicaire de Sarlat et légalisé le même jour par Denis Alexandre Le Blanc, Évêque, baron et Seigneur de Sarlat.

# PREUVE N° 99

## (Supplémentaire)

*Extrait des Minutes des Notaires de la ville de St-Cyprien en Perigord.*

10 mars 1740 · Procuration donnée le 10e mars 1740, par Messire Jean de La Barthe Escuyer, Seigneur de Lile, habitant en sa maison noble de Vezat, paroisse de St-Cyprien tant en son nom que pour et au nom de dame Françoise de Larmandie de Longua son épouse, habitante dudit lieu de Vezat, à Messire Marc de La Barthe écuyer, Seigneur de Vezat son fils, habitant de la ville de Sarlat pour et au nom dudit Seigneur de Lile son père se transporter au couvent des dames religieuses de Ste-Claire de la ville de Gourdon, en Quercy, dans lequel était sœur noble Françoise de La Barthe fille desdits sieur et dame constituans pour en leur nom donner et constituer pour dot à la ditte noble demoiselle Françoise de La Barthe la somme de 700 livres et en outre la somme de 10 livres de pension viagère. Cet acte passé en la ville de St-Cyprien en Perigord, en présence de Joseph Jugie, huissier et de Bernard Baile clerc, habitans de la ditte ville et reçu par Tardieu, notaire royal, est signé de Lile, La Barthe, Jugie, Bernard Baile et Tardieu, notaire royal.

# PREUVE N° 100

## (Supplémentaire)

*Extrait des Minutes des Notaires de Campagnie en Perigord*

2 juin 1741 Quittance de la somme de 347 livres, 17 sols donnée, le second juin 1741, par damoiselle Suzanne de la Fite, veuve de Me Simon de Roy, habitante de la ville de St-Cyprien, à Messire Marc de La Barthe, écuyer Seigneur de Vezat, habitant de la ville de Sarlat qui luy avoit payé laditte somme dont celle de 335 livres provenoit du prix de la vente a pacte de rachat de deux ans d'une pièce de terre, située dans la plaine de St-Cyprien, consentie par Messire Jean de La Barthe père, au Seigneur de Vezat, par acte du second juin 1739, reçu par Tardieu, laquelle somme ledit Seigneur déclare provenir des deniers propres et particuliers de la dame Bart son épouse. Cet acte passé au Bourg de Campagnie en Perigord et reçu par Chaumels notaire royal.

# TABLE DES ALLIANCES

*(Supplément à la première partie de cet ouvrage)*

# TABLE

## Des noms cités dans les preuves

PARIS. — IMP. CHARLES SCHLAEBER, 257, RUE SAINT-HONORÉ.

www.ingramcontent.com/pod-product-compliance
Lightning Source LLC
Chambersburg PA
CBHW050505270326
41927CB00009B/1903
* 9 7 8 2 0 1 2 5 5 4 5 7 3 *